PATRICE VAN EERSEL

CATHERINE MAILLARD

MIS ANTEPASADOS ME DUELEN

La Psicogenealogía y constelaciones familiares

ENTREVISTAS CON

Anne Ancelin Shützenberger, Alejandro Jodorowsky,
Bert Hellinger, Didier Dumas, Chantal Rialland,
Serge Tisseron y Vincent de Gaulejac.

EDICIONES OBELISCO

Si este libro le ha interesado y desea que le mantengamos informado
de nuestras publicaciones, escríbanos indicándonos qué tema
son de su interés (Astrología, Auto ayuda, Ciencias Ocultas, Artes Marciales,
Naturismo, Espiritualidad, Tradición...) y gustosamente le complaceremos.

Puede consultar nuestro catálogo en www.edicionesobelisco.com

Colección Nueva Consciencia
MIS ANTEPASADOS ME DUELEN
Patrice van Eersel y Catherine Maillard

1.ª edición: mayo de 2004
6.ª edición: junio de 2013

Título original: *J'ai mal à mes ancêtres*

Traducción: *Mireia Terés Loriente*
Diseño de cubierta: *Enrique Iborra*
Maquetación: *M.ª Carmen Pérez Frías*

© 2002, Editions Albin Michel
(Reservados todos los derechos)
© 2004, Ediciones Obelisco, S. L.
(Reservados los derechos para la presente edición)

Edita: Ediciones Obelisco S. L.
Pere IV, 78 (Edif. Pedro IV) 3.ª planta 5.ª puerta
08005 Barcelona-España
Tel. 93 309 85 25 - Fax 93 309 85 23
E-mail: info@edicionesobelisco.com

Paracas, 59 – Buenos Aires
C1275AFA República Argentina
Tel. (541 – 14) 305 06 33
Fax: (541 – 14) 304 78 20

ISBN: 978-84-9777-099-6
Depósito legal: B-26.065-2010

Printed in Spain

Impreso en España en los talleres gráficos de Romanyà/Valls S.A.
Verdaguer, 1 - 08786 Capellades (Barcelona)

AG100815A
279

Despatch Note

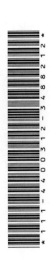

Order Number   111-4400312-3488212   **Supplied by**   PBShop

Catalogue Number   **Title and Artist**   Qty

9788489957619 Sin raices no hay alas/ Without roots doesn't have   Shipped Separately   1

= 9788497770996 Mis Antepasados Me Duelen: La Psicogenealogia y Co   1

SOME ITEMS MAY BE SHIPPED SEPARATELY

Order Processed: 08/08/2015 20:41:

Payment has been received from: Lourdes Moscoso

*Para Charles, de quien llevo el apellido
y a quien este trabajo me ha despertado
el deseo de abrazar cada noche.*

PATRICE VAN EERSEL

*Para Claude, Louise, Frédéric
y todos mis amados antepasados.
Para mi futuro marido.*

CATHERINE MAILLARD

PRÓLOGO

La imparable expansión
de la psicogenealogía

La idea de que nuestros destinos puedan estar determinados por la historia psicológica de las generaciones anteriores es muy antigua. Las primeras terapias inventadas por el hombre lo atestiguan. La medicina china o la africana, por ejemplo, a diferencia de la medicina occidental, contemplan la enfermedad dentro de un contexto familiar y genealógico. ¿Por qué tengo hepatitis? La respuesta de la medicina occidental es: por un virus y una mala alimentación. Los curanderos chinos o yorubas ofrecen unas explicaciones que restablecen el orden en el mundo, ya sea por un demonio que nos quiere mortificar (y a quien hay que ofrecer un animal en sacrificio) o porque hemos perturbado el orden cósmico ocupando un lugar que no nos correspondía y habiéndonos olvidado de honrar a nuestros antepasados. El curandero sabe una cosa que el médico ignora: la ley genealógica y la relación con los antepasados definen en gran parte los lazos, los derechos, los deberes y las identidades que estructuran al ser humano en su cultura y su biografía. El curandero también conoce las palabras y los rituales que le permitirán conjurar a la presencia, al fantasma (un antepasado desgraciado o que deshonró a su familia), sinónimo del desorden inconsciente que se puede transmitir de generación en generación.

Sin embargo, de repente, en Occidente surge una novedad: el psicogenealogista. Un terapeuta que, sin olvidarse de los nuevos descubrimientos de la era moderna, sobre todo aquellos relacionados con la singularidad del individuo, recupera los lazos contextuales y transgeneracionales a los que su cultura había vuelto la espalda. ¿Y qué hace? También se centra en esa parte de la historia que no nos pertenece: «Si sufres una bronquitis crónica, puede ser porque tu bisabuelo se asfixiara en una trinchera durante la guerra y nadie te lo haya dicho porque, a su regreso a casa, tu abuela se avergonzara de él». Otro ejemplo más espectacular: a un señor le duele constantemente la garganta y eso le provoca un deterioro de la circulación sanguínea en las extremidades. No consigue curarse con ningún remedio. Hasta que un día descubre, en una sesión de terapia transgenealógica, que un antepasado lejano, que nació el mismo día que él, murió guillotinado durante la revolución. A partir de ese descubrimiento, los dolores de garganta y los molestos efectos circulatorios desaparecen como por arte de magia. ¿Cómo puede, por ignorancia o por el peso de un secreto de familia, un acontecimiento del pasado, ya sea bueno o malo, tener esas consecuencias varias generaciones más tarde?

Algunas personas buscan escapar de su familia huyendo, porque les parece que ésta representa un peligro mortal. Como si la historia de su línea sucesoria fuera una amenaza real. El peligro no tiene que ser forzosamente fantasmagórico. Pero huir no sirve de nada. Donde quiera que la evasión pueda llevarlos, la historia familiar los perseguirá y los devolverá siempre al pasado, a repetir eternamente las mismas situaciones, al menos siempre que no hayan decidido reaccionar para librarse de los anclajes transgenealógicos negativos.

Reconstruir un árbol genealógico puede empezar de la manera más sencilla. Como explica la página web *psychogéné.com*: «En general, para trabajar sobre una historia familiar, no es necesario haber realizado investigaciones genealógicas. Cada uno empieza con lo que tiene. Las pocas informaciones recopiladas bastan para situarse y empezar a trabajar. En la mayor parte de los casos, los demás datos irán apareciendo, algunos incluso de forma sorprendente. Lo importante es entender que, a partir del momento en que uno empieza el camino psicogenealógico, activa una memoria que atraviesa el tiempo, las épocas, los acontecimientos y que puede surgir de un recuerdo hasta que la conciencia le dé sentido».

En cierto modo, el psicogenealogista recurre menos a los conocimientos de psicopatología occidental que a la eficacia de las «brujerías» de los antiguos curanderos…

La correspondencia de Freud demuestra que éste no ignoraba en absoluto la importancia de los antepasados en la constitución de los psicosomatismos individuales y colectivos: ninguno de nosotros está únicamente determinado por el triángulo papá-mamá-bebé, sino por una cascada de influencias que llegan de todo nuestro árbol genealógico. El descubridor del inconsciente tuvo la intuición de una transmisión genealógica de la neurosis. Sabía, por ejemplo, la importancia de los abuelos en la vida de un niño pequeño (directa o indirectamente, para bien o para mal, por exceso o por defecto). También imaginó una historia según la cual, al principio de la humanidad, habría existido una horda con un horroroso padre primitivo cuyos hijos se pusieron de acuerdo para matarlo. Y todos nosotros llevaríamos con nosotros el recuerdo de aquel primer parricidio. Con esta parábola, Freud sugirió que, de una generación a otra, no podía eliminarse ese lazo.

Sin embargo, Freud no llegó a más en la investigación del fenómeno transgeneracional. ¿Es posible que su largo y duro combate para defender el origen sexual de las neurosis le hiciera dejar de lado esta dimensión tan fundamental del mecanismo humano que es la fidelidad inconsciente de una persona respecto a sus antepasados? Esto es lo que sugieren algunos psicoanalistas para quienes Freud, al no poder hacerlo todo, decidió muy conscientemente dedicarse exclusivamente al triángulo edipiano y se olvidó del resto de la ascendencia, diciéndose que, después de él, ya vendría alguien a realizar las investigaciones pertinentes acerca de los antepasados. En realidad, parece ser que la propia genealogía de Sigmund Freud y algunos secretos de familia bastante importantes lo alejaron, inconscientemente, de cualquier investigación

9

en profundidad sobre la transgenealogía. La continuación es tristemente banal; ya se sabe que los alumnos intentan siempre seguir las ideas de sus maestros. Después de Freud, el complejo de Edipo se convirtió en un dogma celoso y los antepasados quedaron relegados al ostracismo.

Han sido necesarios cien años de espera para que los psicoanalistas reconocieran su importancia crucial. A inicios del siglo XXI, este reconocimiento empieza a parecerse a un auténtico movimiento; bajo el lema «donde quiera que vaya, llévese siempre consigo los orígenes de su familia y bendígala pero, ¡libérese!», la psicogenealogía, o más específicamente el enfoque transgenealógico, se ha extendido por todas partes y ha influido en numerosas prácticas y escuelas. En la actualidad, cualquier persona de nuestro alrededor habla de ello con total naturalidad. ¿Es únicamente porque, como dijo Steve Lacy, el creador de la página web *Genealogy Gate To The Web*, «en una sociedad que está perdiendo los valores tradicionales y está preocupada por la desintegración de la célula familiar, la gente busca recuperar sus raíces»? El fenómeno es, sin ninguna duda, mucho más profundo y trata de un verdadero «regreso de los antepasados» en la civilización occidental. El regreso a una dimensión incontestablemente terapéutica. Algunos psicoanalistas reconocen la importancia de la filiación y, sobre todo, de sus fallos, los no-dichos, los secretos de familia y otros «grumos» que las generaciones se pasan de unas a las otras con juegos de secuelas tan sorprendentes (¡viva el humor negro!) que hay que ser todo un artista para saber eliminarlos.

Este libro recoge siete entrevistas con siete «artistas transgenealógicos», que son los actores principales de este movimiento:

—ANNE ANCELIN SHÜTZENBERGER, profesional sin igual, miembro de la resistencia contra los nazis, autora de, entre otros títulos, *Aïe mes aïeux!* donde explica cómo se encontró sobre la pista psicogenealógica cuando se obcecó con extrañas enfermedades que se repetían de generación en generación, divulgó el término transgeneracional entre el gran público;

—ALEJANDRO JODOROWSKY, hombre de teatro, guionista, especialista en el tarot e inventor de una original forma de psicoterapia chamánica conocida como psicomagia, presume de haber sido de los primeros en redescubrir la importancia del árbol genealógico en la constitución de la psique;

—BERT HELLINGER, psicoterapeuta alemán que vivió en África, reconoce haberse visto influido por la cultura zulú cuando inventó las Constelaciones Familiares, un método que está teniendo mucho éxito en la actualidad (y que aplica, por ejemplo, la psicoterapeuta Christiane Singer);

—DIDIER DUMAS, un psicoanalista que trabaja sobre la filiación de Françoise Dolto, que ha abierto a dimensiones no occidentales (taoísmo, chamanismo), hace una demostración particularmente brillante del retorno de los antepasados en el pensamiento y la terapia contemporáneos;

—CHANTAL RIALLAND, antigua alumna de Alejandro Jodorowsky, afirma que cada uno puede influir en su destino «escogiendo a su familia» y enseña detalladamente a sus pacientes y alumnos cómo construir su árbol genealógico;

—SERGE TISSERON, psicoterapeuta especialista en los secretos de familia, más conocido por sus estudios sobre la «novela familiar» del personaje de Tintín, centra su atención en los no-dichos que, de generación en generación, llegan a ser patológicos;

—VINCENT DE GAULEJAC, psicosociólogo especialista en la neurosis de clase, demuestra cómo los árboles genealógicos se reagrupan en grandes familias sociales.

¡Disfruta de las entrevistas, de la lectura
y que descubras muchas cosas de tus propios antepasados!

1

La huella de nuestros antepasados: Estudios sobre genealogía clínica

ENTREVISTA CON
ANNE ANCELIN SCHÜTZENBERGER[1]

Teórica y, a la vez, investigadora sobre el terreno, profesora universitaria, abierta a todas las innovaciones, psicoterapeuta de formación psicoanalítica, terapeuta de grupo (una de las primeras terapeutas en aplicar el psicodrama de Moreno en Francia) y profesora emérita de psicología de la universidad de Niza, donde ha dirigido durante más de veinte años el laboratorio de psicología social y clínica, Anne Ancelin Schützenberger, después de colaborar con Robert Gessain, Jacques Lacan y Françoise Dolto, Carl Rogers, J.L. Moreno, Margaret Mead y Gregory Bateson, la Escuela de Palo Alto y la escuela de la Dinámica de Grupos de Kart Lewin, se hizo famosa cuando, ya en la segunda mitad de su vida, publicó un libro que se convirtió en un éxito de ventas: *Aïe mes aïeux!* (traducido a varios idiomas). Para muchos universitarios y psicoterapeutas, es la persona que introdujo la dimensión transgeneracional (que algunos llaman trans o psicogenealógica)

---

1. Esta entrevista apareció, el verano de 1998, en el nº 18 de la revista *Nouvelles Clés*. Fue revisada y corregida por Anne Ancelin Schützenberger en setiembre de 2002.

13

en sus trabajos por un asunto en concreto: el síndrome del aniversario. Por lo tanto, nos ha parecido lo más lógico abrir esta serie de entrevistas con una conversación con esta gran dama.

La psicogenealogía abarca muchas teorías, prácticas y escuelas de pensamiento. Pero también se ha convertido en una palabra popular, un término común aplicable a casi todo. Y eso es, indudablemente, gracias a la popularización que Anne Ancelin Schützenberger hizo de ella, principalmente en Francia, en la década de los ochenta. Después de trabajar durante muchos años con enfermos de cáncer, entre otras cosas con la ayuda de la versión clínica del método Simonton que, apoyándose a la vez en la medicina tradicional y en un seguimiento psicoterapéutico, permite reforzar las ganas de vivir y el sistema inmunológico mediante visualizaciones positivas, empezó a descubrir en sus biografías unos sorprendentes fenómenos de repetición, idénticos a los que sufrieron seres queridos ya desaparecidos. Y así inventó el método del genosociograma, una especie de árbol genealógico muy particular, priorizando sobre todo los acontecimientos sorprendentes o chocantes, tanto para bien como para mal: enfermedades, nacimientos, accidentes, muertes precoces o injustas, matrimonios, viajes lejanos, etc.; mostrando, con una presentación gráfica de toda la familia, en el sentido amplio de la palabra, a lo largo de media docena de generaciones, los principales lazos afectivos, positivos, negativos u olvidados, acabando en el momento en que se produjeron las sorpresas genealógicas.

«No somos tan libres como creemos —dice Anne Ancelin Schützenberger—, pero tenemos la posibilidad de conquistar nuestra libertad y de salir del destino familiar repetitivo de nuestra historia si comprendemos los complejos lazos que se han tejido en nuestra familia y descubrimos los dramas secretos, las palabras que nunca se dijeron y los duelos inacabados.»

¿Su método? La terapia transgeneracional psicogenealógica contextual clínica, cuya principal misión es desenmascarar nuestras lealtades invisibles y nuestras identificaciones inconscientes repetitivas (alegres o trágicas) que nos obligan a pagar deudas a nuestros antepasados, lo queramos o no, lo sepamos o no, y a repetir las tareas interrumpidas porque no están terminadas. Como escribe en *Aïe mes aïeux!*: «La vida de cada uno de nosotros es una novela. Usted, yo, todos vivimos prisioneros en una tela de araña invisible de la que también somos los tejedores. Si corregimos nuestra tercera oreja, nuestro tercer ojo, si aprendemos a manejar y a comprender mejor, a ver esas repeticiones y coincidencias, la existencia de cada uno será mucho más clara, más sensible a lo que somos, a lo que deberíamos ser. ¿No hay manera de escapar de esos hilos invisibles, de esas triangulaciones, esas repeticiones?».

Usted es psicoterapeuta y analista pero, cuando recibe a un paciente, se interesa más bien poco por su historia individual o, al menos, la coloca en un contexto mucho más amplio, pidiéndole al individuo que le informe sobre la vida de sus antepasados. Le hace escribir las fechas con bolígrafo en un papel. ¿Cómo ha llegado a transformar de este modo el desarrollo del proceso curativo?

Anne Ancelin Schützenberger: Para empezar, quiero decir, para aclarar lo que usted ha dicho, que no es exactamente un proceso curativo, sino más bien un análisis más profundo y extenso de la visión, un análisis que acompaña o precede a una terapia, una crisis o una enfermedad grave, una búsqueda de identidad, un desarrollo personal o un cambio de vida. En la década de los setenta, acompañaba y atendía en su casa de París, por petición suya, a una chica sueca de treinta y cinco años que se sabía condenada por un cáncer terminal y que no quería morir «troceada como una salchicha» e hizo un llamamiento de socorro. Los médicos acababan de amputarle, por cuarta vez, una parte del pie y se disponían, impotentes, a amputar todavía más arriba. Como yo tenía una formación psicoanalítica freudiana, le pedí que se liberara de espíritu y me hablara, mediante una asociación de ideas, de todo lo que se le pasara por la cabeza. Como sabe, un análisis es largo, a veces demasiado, y este ejercicio hubiera podido durar diez años. Sin embargo, no teníamos tanto tiempo: era una carrera contra la muerte. Resultó que, en su casa, el salón estaba presidido por un retrato de una mujer joven muy bella. Mi paciente me dijo que era su madre, muerta de cáncer a la edad de treinta y cinco años. Entonces le pregunté cuántos años tenía. «Treinta y cinco», dijo ella. Yo dije: «Ah». Y ella respondió: «¡Oh!». A menudo tenía la impresión que aquella chica estaba tan identificada con su madre que era como si estuviera «programada» para seguir y repetir su trágico destino. A partir de entonces, todo cambió, tanto para ella como para mí.

A parte de la coincidencia de edad, del destino, ¿qué es lo que le hizo pensar que tras esa enfermedad se escondía un caso de transmisión genética?

A.A.S.: Es difícil responderle. Por una parte, siempre me habían enseñado que el cáncer de mama no era una enfermedad hereditaria genéticamente; por otra parte, ¿por qué precisamente a la misma edad? Es la misma dificultad que siempre se presenta, al tratar temas relacionados con el inconsciente, de invocar al destino como causa. En cuanto a la genética, difícilmente podía hacer coincidir las fechas con tanta exactitud. Aquí debo hacer un inciso para puntualizar que mi marido era médico, genetista, matemático y estadista y que yo me sirvo de la observación clínica de manera bastante rigurosa. Además, esta historia enseguida me recordó otra.

Un día, mi hija me dijo: «¿Te has dado cuenta, mamá? Tú eres la mayor de dos hermanos, de los que el segundo está muerto; papá es el mayor de dos hermanos, de los que el segundo está muerto y yo soy la mayor de dos hermanos, de los que el segundo está muerto». Al principio, fue un choc. A partir de entonces, me empeñé en verificar, con otros pacientes, mi intuición en relación a esa chica. Les pedí a todos que reconstruyeran conmigo su árbol genealógico completo y que, si era posible, debajo del nombre de padres, abuelos, bisabuelos, tíos y primos, indicaran los momentos claves de la historia familiar: tuberculosis del abuelo, matrimonio o matrimonio en segundas nupcias de la madre, accidente de tráfico del padre, mudanzas y desarraigos continuos, cambios de clase social, quiebras económicas, fortunas, participación en alguna guerra, muertes prematuras, alcoholismo, ingresos en hospitales psiquiátricos o en la cárcel, sin olvidar los títulos universitarios y las profesiones. También les pedí que, si podían, escribieran las edades y las fechas en las que se produjeron estos sucesos. Estos árboles genealógicos tan extensos (bautizados como genosociogramas) revelaron algunas repeticiones sorprendentes: una familia donde, durante tres generaciones, las mujeres morían de leucemia en el mes de mayo; una serie de cinco generaciones donde las mujeres caían en la bulimia a los trece años; una familia donde los hombres eran víctimas, sistemáticamente, de un accidente de tráfico el primer día de colegio de su hijo mayor, etc. Estará de acuerdo en que es un poco atrevido atribuir al destino el hecho de que, en una familia, encontremos, generación tras generación, las mismas fechas de nacimiento, el mismo número de matrimonio en los hombres o en las mujeres, el mismo número de hijos ilegítimos o naturales, de mortinatos, de muertes trágicas precoces… ¡y siempre a la misma edad! En cuanto a la herencia genética, ¿cree usted que un accidente de tráfico puede transmitirse por el ADN? Tiene que intervenir otra cosa, es evidente, porque, cuando se prestaba atención, la frecuencia y la visibilidad de las repeticiones era tan evidente que no podía ser fruto del destino.

¿Y cómo se explican esas repeticiones? ¿Por qué repetimos lo que vivieron nuestros padres o nuestros antepasados?

A.A.S.: Repetir las acciones, las fechas o las edades que han conformado la novela familiar de nuestra línea sucesoria es una manera de mantenernos fieles a nuestros padres, abuelos y demás antepasados, una manera de seguir la tradición familiar y de vivir conforme a ella. Esa lealtad es la que empuja a un estudiante a suspender el examen que su padre nunca aprobó, movido por un deseo inconsciente de no sobrepasar socialmente a su progenitor.

O a seguir con la profesión de su padre, ya sea fabricante de instrumentos musicales de cuerda, notario, panadero o médico. O, en el caso de las mujeres de una misma familia, a casarse a los dieciocho años y tener tres hijos, todas niñas o todos niños. A veces, esta lealtad invisible sobrepasa los límites de lo verosímil y, sin embargo, se repite. ¿Conoce la historia de la muerte del actor Brandon Lee? Murió en medio de un rodaje porque, desgraciadamente, alguien olvidó una bala en un revólver que tenía que estar descargado. Ahora bien, justo veinte años antes de este accidente, su padre, el famoso Bruce Lee, murió de una hemorragia cerebral en pleno rodaje de una escena donde su personaje supuestamente moría de un disparo lanzado con un revólver que se suponía que no estaba cargado...

Mantenemos, literalmente, una poderosa e inconsciente fidelidad a nuestra historia familiar y nos da muchísimo miedo inventar algo nuevo en la vida. En algunas familias, vemos que el síndrome del aniversario se repite, en forma de enfermedades, muertes, abortos naturales o accidentes, durante tres, cuatro, cinco, ¡y hasta ocho generaciones!

Sin embargo, existe una razón más oscura por la que repetimos las enfermedades y los accidentes de nuestros antepasados. Si toma un árbol genealógico cualquiera, verá que está lleno de muertes violentas y adulterios, anécdotas secretas, alcohólicos e hijos bastardos. Todo esto son cosas que uno esconde, heridas secretas que uno no quiere mostrar. Ahora bien, ¿qué sucede cuando, por vergüenza, por conveniencia o por proteger a nuestros hijos o a nuestra familia, no hablamos del incesto, de la muerte sospechosa o de los fracasos? El silencio alrededor del tío alcohólico creará una zona de sombras en la memoria de un hijo de la familia que, para llenar el vacío y las lagunas, repetirá en su cuerpo o en su vida el drama que han intentado ocultarle. En una palabra, será alcohólico como el tío. Ya en su época, Freud decía que «lo que no se expresa con palabras, se expresa con los dedos», cito de memoria. Yo creo, como escribí en mi libro, que «lo que las palabras no dicen, los males lo comunican, lo repiten y lo expresan».

Pero, esa repetición implica que el chico debe saber algo de la vergüenza familiar y que ha debido oír hablar del desgraciado tío, ¿no?

A.A.S.: ¡Claro que no! Hablar no es necesario para comunicarse: los estudios sobre la comunicación no verbal y el lenguaje del cuerpo demuestran que los seres humanos nos comunicamos a través del lenguaje pero también con el cuerpo, los gestos, el tono de voz, la respiración, la actitud, el estilo de vestir, los silencios, la evasión de determinados temas… La vergüenza, igual que el secreto, no necesitan ser evocados para pasar de generación en generación y venir a perturbar a un eslabón de la familia, un eslabón directo o indirecto, o alguien indirectamente relacionado con la familia o que actúe por lealtad familiar, por identificación.

Le voy a dar un ejemplo: una niña de cuatro años que tenía pesadillas en las que la perseguía un monstruo. Por las noches se despertaba tosiendo, gritando y con dificultades para respirar y cada año, el mismo día, la tos degeneraba en un ataque de asma. Le pregunté a la madre qué día había nacido. «La madrugada del 25 al 26 de abril», me dijo. Conozco la historia de Francia y sé, por los estudios realizados con pacientes míos, que muchos traumatismos familiares tienen su origen en las persecuciones en tiempos de guerra, en ocasiones muy antiguas, o están relacionados con muertes trágicas en el campo de batalla.

Entre el 22 y el 25 de abril, las tropas alemanas lanzaron por primera vez gases de combate sobre las tropas francesas. En Ypres, miles de soldados franceses de la Primera Guerra Mundial murieron gaseados, asfixiados. Entonces, le pedí a la madre que buscara las palabras Ypres y Verdún en el genosociograma familiar y encontró que un hermano del abuelo fue uno de esos soldados muertos por los gases… ¡la noche del 25 al 26 de abril de 1915! Luego le pedí a la niña que dibujara el monstruo que la perseguía en las pesadillas y dibujó lo que ella llamaba «unas gafas de buceo con una trompa de elefante». Era una máscara antigas de la Primera Guerra Mundial, reconocible por cualquiera de nosotros.

19

Sin embargo, la niña nunca había visto ninguna máscara y nadie nunca le había hablado de la trágica muerte del tío abuelo ni de las consecuencias de una muerte por inhalación de gas de combate, principalmente, gas mostaza. Verificamos todos los datos en el ministerio de la guerra: el tío abuelo había demostrado valentía y lo habían condecorado. Sin embargo, a pesar de todos los no-dichos, la información pudo transmitirse: la niña tosía y escupía, se quedaba sin respiración y se angustiaba como el difunto tío abuelo en la trinchera, con un paroxismo a una hora determinada (hacia medianoche). Y todo eso hasta el día que hizo el dibujo…

¿Cómo ha podido pasar toda esa información a través de dos generaciones? ¿Cómo se ha transmitido? Quizás por el coinconsciente familiar y de grupo, quizás por las ondas morfogénicas de las que habla Rupert Sheldrake, quizás porque el discurso familiar lo había evitado (no se habla de lo que ha causado tanto sufrimiento). El recuerdo de una muerte trágica y de un muerto mal enterrado hizo que su abuelo y su madre crearan una zona de sombras donde se escondía el dolor, como en una cripta.

Mi hipótesis es que, durante toda su vida, se habrán producido lagunas en el discurso del abuelo y la madre. Cada vez que ésta haya encontrado una ocasión para recordar la brutal muerte de su familiar (una foto de familia, una película bélica en la televisión…) habrá manifestado más dificultades al expresarse con la mirada, la voz o la actitud que por el contenido de las palabras que hubiera podido decir. Habrá evitado ver una película sobre la guerra, habrá hablado mal de los soldados alemanes, habrá tenido miedo del gas, de la cocina…

Entonces, esas evasiones pueden transmitir una información «al vacío». Pero, ¿pueden alcanzar tal nivel de precisión de llegar a grabar la imagen fotográfica de una máscara antigás en las pesadillas de la niña?

A.A.S.: Actualmente, decenas de médicos hemos constatado esto entre nuestros clientes en lugares tan dispares como Europa,

América del Norte y del Sur, África y Oriente Medio. Todo sucede como si, realmente, los descendientes tuvieran una forma de memoria fotográfica o cinematográfica, con sonidos, colores, imágenes, olores, temperaturas, etc. Hay personas que se despiertan heladas, temblando y sudando de angustia, encogidas, como si estuvieran prisioneras en un campo de concentración, sobre un colchón putrefacto o en una trinchera de guerra cuando, en realidad, están abrigados en una cama limpia y nunca han vivido nada parecido.

Sin embargo, no creo que este fuera el caso de esta niña. Más bien creo que, en este caso, lo que tenemos es una comunicación de inconsciente a inconsciente; lo que Moreno denomina el coinconsciente familiar o de grupo.

¿Quiere decir que las imágenes o los secretos de familia pasan de una generación a otra a través de una especie de telepatía?

A.A.S.: No. Pasan a través de la doble unidad madre-hijo. Y también puede producirse a través de una memoria transgeneracional que hemos constatado pero que todavía nadie ha podido demostrar. Creo que, cuando un niño crece en el útero materno, sueña lo mismo que la madre y que todas las imágenes del inconsciente materno y del coinconsciente familiar pueden grabarse en la memoria del bebé antes de nacer. Desgraciadamente, esta hipótesis todavía no ha desembocado en ninguna investigación científica seria. ¡Y, sin embargo, está en juego la salud de todos!

De todos modos, cabe recalcar que, desde 1998, hay quien empieza a hablar de memoria celular y que se están realizando investigaciones científicas, médicas y biológicas, sobre todo en el INSERM (Institut National de la Santé et de la Recherche Médicale), sobre el núcleo celular y una eventual memoria afectiva. Pero, antes de dar ninguna conclusión, vamos a esperar los resultados de esas investigaciones, que se darán sobre 2005 o 2010.

La fidelidad a nuestros antepasados nos gobernaría. ¡Nuestro inconsciente nos obligaría a honrarlos, y entonces aparecerían unos fe-

nómenos sorprendentes: un cáncer o un violento atropello! ¿Puede explicitar todo esto en términos médicos?

A.A.S.: Prefiero precisar mi punto de vista y el de algunos de mis colegas. Nunca he dicho que el objetivo fuera honrar a nuestros antepasados, esa frase no es mía. No se trata de eso, sino de repeticiones de acciones interrumpidas, de duelos no realizados después de traumas insoportables, indigestos o no digeridos (si me permite las expresiones) que van a quedarse en el estómago impidiendo que el duelo se exprese y transmitiéndose a nuestra descendencia; una masacre masiva, un exilio, la pérdida de una casa o unas tierras, una injusticia... Es la constatación que Bluma Zeigarnick, un alumno de Kurt Lewin, presentó en su tesis de doctorado *Psicología Gestalt*, en 1928, sobre los actos interrumpidos que pueden repetirse una y otra vez a lo largo de la vida de un individuo; es lo que en psicología se conoce como el efecto Zeigarnick y que yo explico a mis pacientes para ayudarlos a revivir y superar los duelos no realizados de los dramas pasados.

No estamos hablando de verdaderas maldiciones o, en ocasiones sí, en determinados momentos cruciales de la historia, como el caso de la maldición de los reyes de Francia por parte del Gran Maestro de los Templarios, Jacques de Molay, mientras ardía en la hoguera, el 18 de marzo de 1314. En cambio, la llamada maldición de los Kennedy sólo es un mito, aunque podamos encontrar una lealtad familiar inconsciente en la repetición de determinadas fechas, como el 22 de noviembre. Esta fecha aparece por primera vez en su genosociograma en 1858, día de la muerte del padre del abuelo del presidente John F. Kennedy, y una segunda vez en 1963, día del asesinato de este último, que decidió ir a Dallas a pesar de las muchas advertencias y no quiso saludar desde un coche cubierto, como si se hubiera olvidado de qué día era... pero no de su deber de morir.

En realidad, esta mórbida forma de repeticiones (que algunos denominan maldición) depende de un mecanismo que la medicina cada vez conoce mejor. Toda muerte o idea de muerte causa una depresión en el ser humano. Perder la casa o el trabajo también supone el poder y la necesidad de realizar un duelo. Una vez pasada la revuelta contra lo inaceptable, la tristeza del duelo provoca una disminución del sistema inmunológico. En ese momento, muchas personas deciden, de manera totalmente inconsciente, que se van a morir a una edad determinada: «Mi madre murió a los treinta y cinco años, yo no voy a pasar de esa edad», dijo la chica sueca. Y cuando llega a esa edad, cae en una profunda depresión que debilita su sistema inmunológico hasta el punto de desembocar en un cáncer. Y con el accidente de tráfico sucede lo mismo: cuando se acerca la fecha de un trauma familiar muy profundo, una persona puede empezar a correr riesgos insensatos y, evidentemente, el accidente acaba llegando. El inconsciente vela por todo eso, como un reloj invisible. Yo lo llamo la fragilización del año (o periodo) aniversario.

¿Se podría evitar? ¿Puede alguien escapar a la repetición y dirigir libremente su propia historia?

A.A.S.: Para evitar la repetición, es necesario tener conciencia de ella. Acuérdese de la chica sueca. Cuando la ayudé a darse cuenta de que, si sucumbía al cáncer, no habría nadie que le llevara flores a la tumba de su madre y que, además, su querida madre hubiera querido que ella viviera mucho más, para ella fue un choc muy grande e, inmediatamente, se produjo un cambio radical en su vida y en su enfermedad. Recuperó las ganas de vivir, dejó de desarrollar síntomas del cáncer, las metástasis desaparecieron, recuperó la energía y ganó peso, volvió a su trabajo y a su vida normal… Hizo que le pusieran una pierna artificial y aprendió a esquiar y a conducir un coche adaptado. Estaba tan radiante que los que la habían cuidado casi no la reconocieron. Si el origen del dolor o de la enfermedad está cerca de la conciencia, el mero hecho de visualizar la historia familiar de golpe, seis o siete generaciones, es decir colocarla en el árbol genealógico, en su contexto psico-político-económico-histórico a lo largo de los años y, brusmente, darse cuenta de las repeticiones, puede bastar para crear una emoción lo suficientemente fuerte como para liberar al enfermo del peso de las lealtades familiares inconscientes. Personalmente, al hacer trabajar a un paciente sobre su familia, su árbol genealógico y sus secretos, a menudo consigo poner al día, en dos o cuatro horas, lo que antes tardaba diez años de diván en conseguir. La realidad de los hechos y las repeticiones saltan a la vista. Todo se ve más claro desde el principio.

Sin embargo, desconfiemos, como Freud, de la catarsis a la que no sigue una perlaboración (el famoso *working through*, el trabajo continuo sobre uno mismo, sus sueños, sus asociaciones de ideas, sus lapsus... que componen la curación analítica). Recordemos que Freud, en una de sus obras[1], exponía el problema de las recaídas al final de la terapia y comparaba la curación con una sinfonía, cuyas notas se desarrollan y se retoman en varios registros, varias veces, antes de estallar justo antes del final.

Además, a veces el secreto familiar está tan oculto que resulta imposible tomar conciencia de él. En estos casos, es necesario recurrir al análisis de los sueños, a las asociaciones de ideas (mediante un diálogo con el terapeuta, como propone Winnicott, inventor del codiseño) o a los recuerdos personales y los intercambios de opiniones con un pequeño grupo de terapia, con una puesta en escena de las experiencias familiares, como en el psicodrama. El hecho de poner en escena una situación antigua de forma integral, con todo el cuerpo y no únicamente con las palabras, ayuda a revivir la emoción de lo que se escondió y permite, al fin, expresar los sentimientos reales y la tensión que había nacido entre lo que nos escondían y lo que, sin embargo, presentíamos. Hablar, llorar, gritar y pegar previene la conversión del trastorno psíquico en síntoma somático. Por eso es tan importante poder expresar las emociones, los verdaderos sentimientos, sin miedo ni pudor, los secretos, los no-dichos, los traumas ocultos, los grandes dolores

---

1. Cf. *Leader, la Question du genre*, Payot.

y los duelos no realizados (en el psicodrama, la técnica del exceso de realidad permite despedirse de los muertos antes de su muerte, como si sucediera en ese momento, o después, en su tumba o cerca del mar que los engulló sin sepultura, por ejemplo, y terminar de una vez por todas con las tensiones acumuladas y conseguir la Gestalt que hasta entonces sólo habían intuido).

El siglo XX fue el siglo de las hecatombes. Por primera vez en nuestra historia, millones de hombres fueron enterrados, a menudo sin sepultura, lejos de su tierra y de sus antepasados. ¿Podemos hablar, en este caso, de un enorme trastorno generacional en nuestra civilización?

A.A.S.: En el siglo XX apareció un fenómeno nuevo: las masacres masivas de la Primera Guerra Mundial, seguida de las guerras civiles rusa y española y de la Segunda Guerra Mundial. Estos conflictos provocaron millones de muertos anónimos; innumerables desaparecidos sin sepultura; la coexistencia, en las trincheras o en los campos de concentración, de muertos, de agonizantes y de vivos, la lenta agonía de los heridos o los gaseados... y las pesadillas de los supervivientes y sus descendientes. Recordemos que, ya en su época, los cirujanos militares de Napoleón I reconocieron e identificaron, durante la retirada de Rusia, en 1812, el «Síndrome de silbido de las bombas» para calificar los sufrimientos, las pesadillas y las angustias de los supervivientes y los testigos de la trágica muerte de sus compañeros (lo mismo que encontramos actualmente en las pesadillas de sus descendientes en muchos países como Francia, Israel, Armenia, Polonia... incluso en Canadá y Estados Unidos).

Cuando uno sabe que un muerto mal enterrado impide realizar el duelo en la familia, resulta fácil imaginar que una hecatombe pueda generar un inmenso trastorno en la civilización. Y no hablemos de los niños armenios masacrados en 1915 (más de dos millones), de los judíos deportados a los campos de concentración o los gaseados de Verdún que sufren crisis de asma, eczemas y violentas migrañas los días de la masacre, la deportación o el drama. En estos casos, creo que es posible realizar un trabajo terapéutico a gran escala, con todos los supervivientes y descendientes como pacientes. Cuando un antepasado ha sufrido, para sus descendientes es fundamental que su dolor sea reconocido. Por eso, para los armenios ha sido realmente importante ver recientemente que la comunidad internacional reconocía su genocidio, aunque se haya producido cincuenta años después. Estoy segura de que a millones de personas esto les ha permitido recuperar la paz interior. Tenían que matar el fantasma. En el caso contrario, hay una dimensión dramática en el olvido de ciertas fechas, como la del asesinato del archiduque Francisco Fernando, heredero del imperio austrohúngaro, el 28 de junio de 1914 en Sarajevo, que desencadenó la Primera Guerra Mundial. O la del Jueves Negro, que abrió la depresión de 1929, el desempleo mundial, la subida al poder de Hitler y la Segunda Guerra Mundial.

Una vez dicho esto, también debo reconocer que no hace falta hablar de circunstancias tan dramáticas para que el síndrome de repetición arruine la existencia de alguien. De la cantidad de personas que han acudido a mi consulta porque sufren problemas psicosomáticos inexplicables, los hay por ejemplo que se les repite un sueño en que sistemáticamente suspenden un examen y su vida profesional queda en el aire... sin ninguna razón aparente. Me acuerdo de un chico trabajador e inteligente que tenía éxito en todo, menos en los exámenes. Juntos descubrimos que, desde el siglo XIX, catorce de sus primos habían suspendido el bachillerato. Buscamos el origen del problema y, al final, comprobó que a su bisabuelo lo habían echado de casa el día antes del examen de bachillerato porque se había acostado con la criada y la había dejado embarazada, y como tenía un estricto sentido de la responsabilidad, se fue y se casó con ella. Pues bueno, el hijo de este señor, a su vez, dejó la escuela el día antes del examen y su hijo también, cada vez por razones banales. Y este peso se transmitió durante cuatro generaciones porque el bisnieto de este señor todavía sufrió las consecuencias de esta falta cuidadosamente escondida por toda la familia. Desde que descubrimos la historia

y realizamos un trabajo familiar, ¡todos los hijos de la línea sucesoria aprobaron sus exámenes!

*¿Y cómo se puede explicar el entusiasmo actual por la terapia
transgeneracional?*

A.A.S.: Vivimos un periodo de profunda transformación de
nuestro medio y de nuestra manera de pensar, tanto del cuadro
de vida como de su contexto. Es, como dijo Alvin Toffler, un es-
trés colectivo, una especie de choc del futuro, algo que muchas
personas viven con cierto grado de angustia. Hoy en día, existen
muchos datos desconocidos de los cuales depende la supervivencia de nuestra cultura y de nuestro planeta. Durante el trastorno
general, muchos terapeutas se tienen que enfrentar a casos difíciles en los que se apoyan las teorías clásicas. Permitir un arraigo de
la persona a su historia forma parte de las soluciones.

En Aïe mes aïeux!, *a menudo hace referencia al psicoanalista
húngaro Ivan Boszormenyi-Nagy. ¿Qué demostró?*

A.A.S.: En su práctica clínica, hacía que sus pacientes hablaran
de sus familias porque, según él, el objetivo de la intervención terapéutica era restituir una ética de las relaciones trasngeneracionales.
Sus conceptos clave de lealtad familiar invisible y de gran libro de
cuentas familiares me han facilitado mucho el trabajo. La unidad de
los miembros de un grupo depende de su lealtad. Y se debe establecer un vínculo entre esa lealtad tanto con las ideas como con las motivaciones y los actos de cada miembro del grupo. Y de ahí se des-
prende otro concepto: el de la justicia familiar. Cuando la justicia
falla, esto se traduce en el abuso de unos miembros de la familia sobre los otros, y entonces hay que ir a buscar patologías o accidentes
repetitivos. En cambio, en caso contrario, hay afecto, atenciones
recíprocas y las cuentas familiares están al día. Podemos hablar de
equilibrio de cuentas familiares o de un gran libro de cuentas familiares donde cada uno puede verificar si están en números negros

o rojos. Si se deja que las deudas, las obligaciones y los favores que se deben se acumulen de generación en generación, se corre el riesgo de tener que enfrentarse con todo tipo de problemas, como herencias injustas, querellas, rupturas anormales... Uno de los débitos familiares típicos es una muerte que se ha vivido como algo tan injusto que no se puede llorar, decir, vivir el duelo y así la herida queda abierta por siempre jamás.

¿Puede darnos algún otro ejemplo de deudas en las cuentas familiares?

A.A.S.: La deuda más importante de la lealtad familiar es la que cada persona siente hacia sus padres por el amor, el cansancio y las atenciones que ha recibido desde la infancia hasta la edad adulta. Satisfacer esa deuda es de orden transgeneracional, es decir, que lo que hemos recibido de nuestros padres, lo transmitiremos a nuestros hijos, etc. Puede darse el caso de que haya distorsiones patógenas entre los méritos y las deudas. Pongamos un ejemplo: hay familias en las que la hija mayor adopta el papel de madre con sus hermanos pequeños, e incluso con su propia madre. Es lo que llamamos parentificación. Un niño que debe adoptar el papel de padre o madre demasiado temprano sufre un importante desequilibrio relacional. En realidad, es muy difícil entender los lazos transgeneracionales y el libro de méritos y deudas, porque no hay nada claro. Cada familia tiene su manera de definir la lealtad familiar. Pero el estudio transgeneracional puede aportar una clarificación definitiva sobre el tema.

En su obra, descubrimos un enfoque antropológico donde insiste sobre en la importancia vital de las normas familiares.

A.A.S.: ¡No fue casualidad que eligiera dejarme analizar por un antropólogo (Gessain fue director del Museo del Hombre y acompañó a Paul-Émile Victor en su visita a los esquimales) y que trabajara con Margaret Mead! El enfoque antropológico contextual es fundamental: es completamente necesario colocar a las personas y los acontecimientos en su contexto y entender las normas familiares y sociales de la época, del medio y del lugar precisos. Hablemos de algunas normas familiares que nos encontramos a menudo: hay familias cuidadores/cuidadas, donde determinados miembros de la familia cuidan a otro, que está enfermo; en otras familias la norma es hacer lo que sea para que el hijo mayor vaya a la universidad, aunque siempre tiene que ser un chico, nunca una chica; hay otras familias donde se designa un heredero para continuar con los negocios familiares; en otras, varias generaciones conviven bajo el mismo techo. En otra época, un hijo heredaba todo lo de casa y los demás tenían que ir a buscarse la vida.

Cuando uno observa un genosociograma, es esencial ver qué normas están en vigor y quién las ha elaborado. Puede ser un abuelo, una abuela, un tío… Cuando uno empieza a entender estas normas, puede intentar ayudar a la familia a conseguir una disfunción relacional menor y un mejor equilibrio de deudas y méritos de cada uno. ¡No siempre es fácil descifrar una familia!

También ha estudiado en profundidad el fracaso escolar. Según usted, ¿suele ser algo de orden transgeneracional?

A.A.S.: Mi enfoque es contextual, sociopsicológico, psicoanalítico, transgeneracional, etnológico y etológico a la vez. Todas estas ciencias son importantes y sus aportaciones son complementarias. En el caso del fracaso escolar, tenemos que añadir el aspecto socioeconómico de las lealtades familiares brillantemente analizadas por Vincent de Gaulejac que, debo admitirlo, me han abierto mucho los ojos. Demuestra lo difícil que es para un buen hijo o una buena hija sobrepasar el nivel de estudios de sus padres; es posible que se pongan enfermos el día antes del examen, o perderán el tren, o tendrán un accidente por el camino, o sencillamente se olvidarán de poner el despertador. Al hacer esto, responden inconscientemente al mensaje doblemente apremiante de sus padre, el famoso *double-mind*: «Haz como yo pero, sobre todo, no hagas como yo». Es decir: «Lo hago todo por ti y quiero que tengas éxito… pero me da miedo que seas más que yo y que nos abandones». Sin embargo, estos mensajes son casi todos de los tiempos de generaciones precedentes. Aún así, la fidelidad a nuestros antepasados, ya sea consciente o inconsciente, siempre está presente.

La historia de las generaciones pasadas puede guiar nuestro destino individual. Lo que significa que algo que un antepasado vivió hace cincuenta o cien años puede orientar las elecciones vitales, determinar la vocación, desencadenar una enfermedad o incluso provocar la caída por las escaleras de un bisnieto. Entonces, ¿qué queda a nuestra libre elección?

A.A.S.: Todo. Porque también tenemos la posibilidad de desligarnos de las repeticiones familiares para reconquistar nuestra libertad y empezar, por fin, nuestra propia historia.

2

La familia es un árbol mágico
en el interior de cada uno

ENTREVISTA CON ALEJANDRO JODOROWSKY

Dentro del vasto movimiento de descubrimiento, o de redescubrimiento, de la transgenealogía, Alejandro Jodorowsky fue una de las figuras pioneras. ¿Qué es la transgenealogía? Es el estudio, principalmente por parte de los terapeutas, de todo lo que nos afecta al cuerpo, al alma y al espíritu que proviene de nuestra ascendencia, de nuestros antepasados. Como dice Jodorowsky: «Dentro de cada uno de sus antepasados hay un Buda dormido; si quiere despertarse, trabaje para elevar su árbol genealógico entero al nivel de su Budeidad».

Con una especie de retraso sobre los orientales, aunque también provistos de herramientas para la introspección cada vez más sofisticadas, los occidentales han empezado a descubrir que es esencial honrar a los antepasados, ¡porque forman parte de nosotros! Honrarlos puede significar varias cosas: conocerlos, analizarlos, desmontarlos, acusarlos, eliminarlos, darles las gracias, quererlos... para, al final, «ver el Buda que hay en cada uno de ellos». Mucho antes que la terapia transgenealógica se pusiera de moda, el director y dramaturgo Jodorowsky, cofundador del concepto del Teatro pánico junto a Arrabal, Topor y algunos otros provocadores con mucho talento que llegaron de Hispanoamérica durante los años sesenta y setenta, ya había colocado el árbol genealógico en el centro de su visión de mundo. Todo el mundo sabe que este antiguo revolucionario cultural se convirtió, hace ya muchos años, en un sabio que ayuda a la gente a encontrar su camino en medio del caos espiritual moderno, gracias sobre todo a las cartas del tarot. Ya hace treinta y cinco años que, cada miércoles, recibe a personas llegadas de toda Europa en un restaurante transformado en cabaret místico donde, de manera completamente gratuita, les tira las cartas a media docena de ellas, mientras a su alrededor se amontonan decenas de buscadores del sentido de la vida para escuchar lo que dice el artista… a veces, en voz baja cuando, después de entrevistar (con gran compasión) y escuchar a su paciente, y tras estudiar atentamente su árbol (genealógico), le prescribe el acto psicomágico que deberá ritualizar para curarse.

Otras veces es distinto: ni empujones ni cabaret, Alejandro Jodorowsky transmite su arte a otros terapeutas recibiendo en consulta, en su casa, a una sola persona. Pero los ingredientes son los mismos: entrevista compasiva, escuchar, interpretación de las señales simbólicas, psicomagia y siempre, como núcleo de todo, el detallado estudio del árbol de la persona.

Y nosotros queríamos entrevistarlo para preguntarle, sobre todo, acerca de este último punto. Habíamos asistido a una de sus consultas. Un caso impresionante. Una mujer, que había sufrido abusos sexuales por parte de su padre cuando era pequeña, mostraba un rechazo total a hacer el amor con cualquier otro hombre. A los cincuenta años y después de haber pasado por un largo proceso de psicoanálisis, sin éxito, se cruzó en el camino de Jodorowsky y aceptó probar su método. En pocas horas, todo el pasado iba a resurgir… remontándose hasta más allá de su nacimiento; después de un minucioso estudio, su árbol genealógico revelaba multitud de incestos en todas las ramas de la familia, durante varias generaciones. Empujada por Jodo a romper el pacto maldito de amor-odio que la encadenaba a su padre, la mujer pasó un momento terrible. Una especie de enajenación ultrarrápida. Gritos. Abatimiento. Le prescribió un ritual psicomágico bastante rudimentario: diseñar a tamaño real el sexo del padre pedófilo, envolverlo con el árbol genealógico familiar y, acompañado de algún adorno que simbolizara el dolor que la señora se había arrancado del corazón, lanzar todo el paquete al Sena... La consecuencia del ritual sería una calma impresionante y el principio de una serenidad que la mujer en cuestión nunca esperó.

Entrevista con un exprovocador convertido en gran sabio

¿Sería posible sustituir años de terapia por una sesión de psicomagia fulgurante?

Alejandro Jodorowsky: Cuando uno toma conciencia de que lleva su árbol genealógico en el cuerpo y que puede expulsar el sufrimiento que esto conlleva igual que se expulsan los demonios, todo puede cambiar de golpe. Pero eso no exime de trabajar mucho en uno mismo. Trabajar el aspecto mental y el espiritual, pero también el carnal. En la carne, uno puede hacer comprender que hay que ceder... con la condición de no tener más miedo. No hace falta temer que uno se hunde hasta lo más profundo de su ser para atravesar toda la parte de su ser mal constituida, todo el horror de la no conclusión de las acciones y para levantar el obstáculo del árbol genealógico que tenemos atravesado y que opone todas sus fuerzas para frenar el flujo de la vida. En ese obstáculo, formado por un montón de ramas muertas, se encuentran los espectros de los padres, los abuelos, los bisabuelos... Hace falta mucho valor y energía para enfrentarlos y decirles: «¡Basta! ¡Yo no comeré más en este plato tan sucio! ¡Ya he tenido suficiente!». ¿Es duro? Evidentemente, y sería mucho más fácil agarrarse a alguna golosina psicológica tranquilizadora, tomar calmantes positivos y mirarse en un espejo mágico que nos diga que somos guapos y geniales... Pero, en fin, ¿el objetivo no era deshacernos de toda nuestra mierda? Pues bien, para eso hay que trabajar duro.

¿Por dónde se empieza?

A.J.: En primer lugar, hay que saber colocarse dentro del árbol genealógico de cada uno y entender que no sólo es pasado: ¡está muy vivo y presente en el interior de cada uno de nosotros! El árbol vive en mí. Yo soy el árbol. Yo soy toda mi familia. Me tocan la pierna derecha y papá empieza a hablar, el hombro izquierdo y la abuela empieza a gritar. Cuando me adentro en mi pasado, me adentro en el de mis padres y mis antepasados. Nadie tiene problemas individuales porque toda la familia está siempre en juego. El inconsciente familiar existe. El padre decide acudir a psicoanálisis y, de repente, algo cambia en la familia y todos los miembros empiezan a evolucionar. Desde el mismo momento en que alguien toma conciencia de algo, hace que todo los suyos también la tomen. Ese alguien es la luz. Cuando aparece la primera manzana en el árbol, todo el árbol está contento, ¿lo entiende? Si uno hace su trabajo, todo su árbol se purifica.

¿Podría purificarse a espaldas de determinados miembros y de manera irrevocable?

A.J.: A espaldas sí, pero nunca de manera irreversible. Siempre es posible tener una recaída y, si aparece, también afectará a todo el árbol. Cuando fracaso, mi destino afecta a toda mi familia, incluyendo a los niños que nacerán en las próximas tres o cuatro generaciones. Nuestra responsabilidad es inmensa. Sobre todo con los niños. No tienen el mismo concepto del tiempo que nosotros. Para los adultos, puede parecer que una escena dura una hora, para los pequeños habrá durado un mes o un año y los marcará de por vida. Por eso es muy importante saber muy bien con quién dejamos a nuestros hijos. Si deja a su hijo durante ocho horas al día con una persona neurasténica, o histérica, o con muchos problemas, el niño corre el riesgo de absorberlo todo. Nosotros mismos, cuando nos encargamos de un niño tenemos que ir con el máximo cuidado.

Algunos psicoanalistas, como Nicolas Abraham o Didier Dumas, dicen que el problema que le encuentran a los árboles son los fantasmas. También los llaman lo no-dicho traumático, lo no-pensado transgenealógico que se pasea por los árboles familiares y hace enfermar a los humanos.

A.J.: Es verdad. Y si lo no-dicho es tan traumático es que entonces todos somos seres que hemos sufrido abusos. Abusos de mil tipos. Ahora bien, cuando somos adultos, tendemos a repetir sobre los demás los abusos sufridos en la infancia. Hay abusos mentales, verbales, emocionales, sexuales, materiales o abusos de ser: no me han dado la oportunidad de ser, no han visto quién era realmente, han querido que fuera otra persona, me han dado una muy buena vida pero que no era la mía, mis padres querían un niño y tuvieron una niña… No me han dejado ver, escuchar o decir y lo que me han dicho no era para mí. Abusos materiales: no tuve el espacio, el aspecto o la alimentación que me correspondía. En cuanto a los abusos sexuales, son mucho más habituales de lo que la gente cree. La lista de abusos es muy larga, así como la de las culpas: nos casamos por tu culpa, he echado a perder mi vida por ti, quieres irte, nos traicionas, no piensas como nosotros o peor, quieres ser más que nosotros; entonces se creará un abuso que será un fracaso o una devaluación. ¡La homosexualidad reprimida es muy habitual y también los niños con falta de cariño! ¡Y el incesto! Y todo esto se reproduce hasta el infinito. Nunca se acaba, es inmenso, enorme, increíble. ¿Cómo podemos reaccionar ante tal muestra de humor?

¿Humor?

A.J.: Pues claro porque, por lo visto, el universo lo creó un tipo a quien le encantan las GRANDES bromas, ¡pero normalmente son bromas muy macabras! Ese humor se presiente en los juegos de sincronicidad. Esta mañana, descuelgo el teléfono y marco el prefijo cero, que es el de mi hijo, Adam. Me responde una mujer:

—¿Diga?

—Buenos días, ¿está Adam?

—No, soy su hija.

—¿Su hija? ¡Pero si mi hijo no tiene ninguna hija!

—¡Qué bien! Entonces, a lo mejor mi padre no se llama Adam.

Por error, había llamado a un número equivocado y me había respondido una chica cuyo padre también se llamaba Adam. Pues bien, eso es un juego de Dios, que me ha gastado una pequeña broma. Más tarde, le he dicho a mi hijo:

—Adam, he hablado con tu hija en el futuro.

—¡No me digas eso, papá!

Pensaba que me estaba burlando de él…

En nuestra época, el abuso más sencillo se caracteriza por la omisión: la falta de un padre, la falta de una autoridad paterna…

A.J.: Sí, y cuando falta el padre, la madre es dominante, sobreprotectora y deja de ser una madre. Entonces, podemos hablar de ausencia total de padre Y de madre. Vivimos en una civilización de niños. Se busca un padre por todas partes y por eso existen los gurús, que vienen a sustituir a los padres ausentes y, a veces, a las madres ausentes… Vivimos en una sociedad sedienta de caricias. Yo, por ejemplo, no recuerdo que mi padre me abrazara… Los hombres no se tocaban. En cuanto a mi madre, desde el momento en que me cortaron los rubios mechones de su propio padre ideal, me alejó de ella y no tengo recuerdo de que alguna vez me acariciara. Somos niños que, a menudo, sufrimos el abuso de vernos privados de las caricias que tanto necesitamos.

¿Hasta dónde tendríamos que remontarnos para purificar todos estos abusos?

A.J.: Es una pregunta complicada. Es un problema que afecta a todo el planeta, con los terremotos y las inundaciones; a toda la sociedad, toda la historia con sus guerras y sus crímenes. En la actualidad, me encuentro con muchas personas que tienen problemas que proceden de la Primera Guerra Mundial. Por ejemplo, gasearon a un abuelo y ahora aparece una enfermedad respiratoria, es decir, un mal emocional, un problema de no realización. Aún hoy estamos pagando las consecuencias de esa guerra a través de abuelos o padres intermediarios y también, bastante a menudo, de tíos y tías: las relaciones entre mi padre (o mi madre) y sus hermanos o hermanas pueden influenciarme con mucha facilidad, aunque yo no sepa nada de violaciones, abortos provocados o naturales, crímenes, incestos, homosexualidades reprimidas, relaciones sadomasoquistas que les hayan podido afectar… Hacer una lista exhaustiva es imposible. A veces basta con un «Nada». Nacer después de la muerte de un hermano y ser bautizado como René[2], símbolo de renacimiento, significa llevar siempre encima otro ser, el hermano muerto, de por vida. A menudo, todos reemplazamos a alguien: papá me ha puesto el nombre de una novia que se murió, y toda la vida seré la novia de papá; o mamá me pone el nombre de su padre y yo, para satisfacerla, intentaré ser como mi abuelo. O entonces, de manera totalmente inconsciente, mamá tiene un hijo de su padre y, bueno, representamos en vivo la historia de María y Dios; incluso puede bautizarme como Jesús, Salvador o José, un nombre cristiano, y me sentiré obligado a ser un niño perfecto.

Más explícitamente, ¿la religión tiene un papel muy importante en las resonancias transgenealógicas?

A.J.: ¡Un papel considerable! La mayor parte de árboles genealógicos, sean los que sean, están muy marcados, a un nivel

---

2. N. de la T. En francés, *René*, aparte de ser un nombre propio, significa «renacido».

u otro, por libros sagrados mal interpretados, pervertidos, desviados de su intención original. Según donde hayamos nacido, los pecados (en especial, las desviaciones sexuales) pasarán por el tamiz de la Torá, del Nuevo Testamento, del Alcorán o de las Sutras… La interpretación pervertida de los textos sagrados es más mortal que la bomba atómica (y también incluyo las religiones materialistas y marxistas, que provocan daños igual de graves).

¿Y qué hace el árbol genealógico ante estas catástrofes? Para no morir (algo que llega cuando el secreto ya no puede salir a la superficie por mucho que lo intente), tiene tendencia a equilibrarse con acrobacias inauditas, pudiendo crear un asesino por una parte y, por otra, un santo.

¡Habla de él como si realmente se tratara de un árbol con vida propia!

A.J.: ¡Es que lo es! Algunos psicoanalistas que han hecho estudios genealógicos han querido reducirlo a fórmulas matemáticas, han querido racionalizarlo. Pero el árbol no es una cosa racional, es un ser orgánico, ¡una especie más de árbol! Y me di realmente cuenta cuando realicé el experimento de teatralizar los árboles genealógicos.

¿Cómo se le ocurrió esa idea?

A.J.: Todos tenemos un tiempo y un espacio interiores. Para trabajar sobre el tiempo interior, le preguntaba a la gente: «¿Cuánto tiempo piensa vivir?». Y ellos me respondían: ochenta y seis años, sesenta años, setenta y cinco años… Y me di cuenta que eran las edades a las que murieron miembros de sus familias. También descubrí que las mujeres daban a luz a la misma edad que sus madres. Dicho de otra manera, nuestros antepasados nos legan un determinado tiempo. Y también nos legan un espacio; un espacio en función de la moral, la religión y la inteligencia de nuestro árbol. Yo comprendí que, para ampliar mi inteligencia, tenía que ampliar el espacio interior que mis antepasados me habían legado. Entonces me pregunté dónde estaba esa familia interior. Todos tenemos una representación de nuestra familia que abarca el árbol entero, con sus imposibles y sus deseos. También descubrí que la familia de cada uno se ordenaba dentro de su espacio mental y me imaginé, esto fue en los años setenta, que este orden podría llevarse al escenario de un teatro, donde yo podría repartir el espacio interior de alguien pidiéndoles a mis alumnos, o a las personas que hubieran venido a mis clases, que representaran a los miembros de sus familias. ¿Cómo ordenarlos en el espacio? A algunos, me vinieron ganas de darles sillas, a los más humillados les pedía que se pusieran de cuclillas en el suelo, a los olvidados y excluidos les dije que se colocaran lo más lejos posible, los muertos estaban en el suelo, los niños se ponían de espaldas, etc. Todo esto formaba una enorme escultura en el espacio. Y al protagonista le preguntaba dónde se situaría él. Todo esto está explicado en *L'Arbre du dieu pendu*...

Nos remontábamos tan lejos en el pasado que la persona podía recordar su árbol o podía imaginárselo. Personalmente, yo también hice retroceder mi árbol hasta 1450 ampliando hasta ese punto mi tiempo, mi territorio y mi conciencia. Porque, dentro del árbol genealógico, también sitúo el nivel consciente. Uno primero ordena a su familia como una escultura en el espacio y en el tiempo, y después calibra su nivel de conciencia.

Al hacer esto, perseguía tres objetivos: conocer todo el universo, vivir tanto como él y ser su conciencia. Tres ideales divinos. El nivel más alto de conciencia es alcanzar ese impensable que llamamos Dios. Mientras no alcancemos el impensable, no tendremos una conciencia totalmente evolucionada y conservaremos una visión dualista de nosotros mismos. Sin embargo, si dejamos atrás toda dualidad, ¡la plena realización de la conciencia se revela y también su desaparición!

Así pues, tenemos a unas personas invitadas a representar sobre un escenario un árbol genealógico...

A.J.: Le preguntaba a la persona cuyo árbol estábamos estudiando que escogiera, cuidadosamente, a alguien que representara a su padre, a otra persona para representar a su madre, a otras para sus hermanos, etc. A partir de ese mismo instante, surgían sincronicidades asombrosas, juegos de resonancias entre las personas escogidas «al azar» y las personas que representaban. Nunca hasta entonces había sentido hasta qué punto todo en el universo está relacionado.

Y eso explicaría que el método que usted inventó en ese momento haya aparecido espontáneamente en la labor de otros terapeutas, como Bert Hellinger, que en cierto modo tuvieron la misma idea que usted...

A.J.: ¡Me alegro mucho y no estoy para nada celoso! La ideas totalmente únicas y aisladas no existen. Todas surgen de la sociedad. Algunos psicogenealogistas han participado durante años en mis cursos antes de lanzar su propia escuela... Y todas son herramientas para hacer progresar a la humanidad. En mi caso, enseguida me desvié hacia la psicomagia y el psicochamanismo, que son técnicas todavía más avanzadas. ¡Y ahora incluso se ven psicoanalistas utilizar herramientas comparables a las de la psicomagia!

El inconsciente no es científico, es artístico. Por lo tanto, el estudio de árbol debe hacerse de otra manera que no sea mediante la razón pura. ¿Cuál es la diferencia entre un cuerpo geométrico y un cuerpo orgánico? En el caso del cuerpo geométrico, todos sabemos perfectamente cuáles son las relaciones entre las partes. En el caso de un cuerpo orgánico, esas relaciones son misteriosas; podemos añadir o quitar algo y el organismo sigue siendo el mismo. Las relaciones internas de un árbol también son misteriosas y para poder entenderlas, tenemos que adentrarnos en el inconsciente. Igual que en un sueño. El sueño del árbol genealógico no hay que interpretarlo, hay que vivirlo.

Pero ese sueño se parece mucho a una pesadilla, ¿no?

A.J.: Sobre todo una invitación al trabajo, como en el hexagrama 18 del I Ching, que se llama «El trabajo sobre lo que está corrompido». La imagen representa un plato con comida llena de gusanos y el comentario dice: «Las condiciones han degenerado hacia el estancamiento. Puesto que nos encontramos frente a un estado de cosas que dejan mucho que desear, la situación contiene, al mismo tiempo, lo necesario para ponerle fin». ¡Es maravilloso! Cuando tengo un problema (ese plato podrido), sé que tengo un trabajo que hacer. Sucede lo mismo con el tarot; cada vez que alguien tira una carta del revés, le digo: «No es una carta mala para ti, es un trabajo a realizar».

El problema es que mucha gente tiende a sufrir. Una vez, una mujer acudió a mí llorando:

—Mi novio me ha dejado.

—Vamos a analizar por qué.

—No, no lo analice. Yo sufro, pero sé que él también debe estar pasándolo mal.

¿Qué quiere hacer? A lo mejor, esta mujer es así porque, de pequeña, no recibió cariño y porque no conoce otra manera de ser ella misma si no es desde el sufrimiento. Mucha gente, ¡usted no, por supuesto! (gran sonrisa), detesta sufrir pero no pueden deshacerse de ello porque es lo que les da la sensación de existir.

¿Qué aconsejaría aquí el I Ching?

A.J.: «Atravesar las grandes aguas», es decir, atravesarse uno mismo, empezando por el cuerpo, atravesar la idea de que cada uno está hecho de sí mismo, y después de las diferentes partes de su cuerpo, como si siguiera un eje, hasta alcanzar la divinidad…

¿Cuál es el objetivo? Hacer las paces con mi inconsciente. No llegar a ser autónomo de mi inconsciente (¿qué significaría eso?), sino convertirlo en mi aliado. Si lo consigo, porque habré aprendido su lenguaje y tendré la llave de su misterio, empezará a trabajar para mí: pasa a estar a mi servicio y yo al suyo, funcionamos juntos. En este caso, la familia es mi inconsciente. Y, en realidad, no se trata de llegar a ser autónomo de mi familia, sino de ser capaz de penetrarla y convertirla en mi aliada, en mi interior. Y no hablo de personas físicas, sino de la familia que llevo dentro de mí; una familia de la que tengo que trabajar cada naturaleza como un arquetipo.

No hace falta que, en mi fuero interno, conserve mi nivel de conciencia para mí solo; tengo que ofrecérselo a cada uno de ellos, exaltarlos, elevarlos. Todo lo que les dé a ellos, me lo estoy dando a mí; lo que les quito, me lo estoy quitando a mí. Transformaré los personajes monstruosos. Con esta transmutación, les voy a dar a todos mi nivel mental. Es necesario que, en mi interior, convierta a todos mis antepasados en seres realizados. Es bien cierto: «El perro también es Buda». Esto quiere decir que mi padre y mi madre también son Dios, que mis tíos y mis tías también son Buda. Por lo tanto, tengo que buscar la Budeidad en cada personaje de mi familia. ¿Son personas que se habían alejado de la Budeidad? ¿Tenían el corazón lleno de rencor, el cerebro lleno de ideas alocadas y el sexo lleno de deseos mal orientados? Igual que un pastor con su rebaño, yo tengo que devolverlos al camino. En mi interior, tengo que devolver a mi familia al camino, purificar las necesidades, los deseos y las emociones. Esta es la misión: un trabajo de curación del árbol y no, como alguien podría imaginar, una liberación del árbol. No se trata de esperar una supuesta autonomía… Es como si quisiera ser autónomo de la sociedad, del mundo, del cosmos. ¡Autónomo de mi respiración! Es imposible. Incluso si me hago ermitaño, pertenezco a la sociedad y al universo.

¿Cómo voy a «trabajar» a mi familia?

A.J.: Con la imaginación. Tenemos que crear un sueño de perfección en nuestro interior. Como aquel en el que curamos una gran herida. Después, podemos transmitir esa curación a nuestros hijos… Puede tomar infinidad de formas. Personalmente, escribí la novela *L'Arbre du Dieu pendu*. Otros lo hacen a través de la pintura. Otros con el teatro. Cada uno tiene que encontrar el método y enriquecer su propia imagen.

¿Cómo se ve que el árbol está curado o en vías de curación?

A.J.: El fruto siempre definirá al árbol. Si el fruto es amargo, incluso si proviene de un inmenso y majestuoso árbol, el árbol es malo. Si el fruto es bueno, incluso si proviene de un árbol pequeño y torcido, es que el árbol es maravilloso. El árbol que hay dentro de nosotros es toda nuestra familia, pasada y futura, y nosotros somos el fruto.

Algunos lamas dicen que tenemos que rezar por nuestros antepasados y también por alguien que ha alcanzado un nivel búdico, porque lo necesita. Entre nuestros antepasados y nosotros, hay un tipo de intercambio…

A.J.: Un día, fui a Saintes-Maries-de-la-Mer, donde está esa virgen negra que los gitanos entran al mar. Al principio, entré al santuario con la idea de pedir algo. Pero, al final, dirigiéndome a la virgen, le dije: «Escucha, todo el mundo te pide cosas, muchas cosas, ¡así que yo te voy a dar un masaje!». Así que le di un masaje a la virgen negra, para aliviarle el cansancio. Y masajear a la virgen a la que todos pedían cosas me dio una paz espiritual increíble. Me abrió la mente. En realidad, cuando masajeas a un enfermo, masajeas una imperfección, pero también masajeas al Buda. El médico es inferior al enfermo porque está en la posición del sirviente; el médico está al servicio del enfermo. No sigo el camino, sigo la alfombra. No sigo la luz, sigo el interruptor. Si quiero levantar un árbol genealógico, tengo que colocarme en una posición de servicio, no en una posición de eminencia. Tengo que entrar en el camino de la ignorancia total y, allí, recibir al otro desde mi ignorancia para ayudarlo a existir, a caminar en su interior hacia su propia luz.

43

En ese momento, me doy cuenta de que mi sexualidad no me pertenece, que viene del universo. Que mi cuerpo no me pertenece, que viene de las estrellas. Que, dentro de mi cuerpo, ningún átomo me pertenece, que incluso el más mínimo átomo de hidrógeno viene de la explosión original. Que no me pertenece nada, ni la menor parcela de emoción. El amor que llevo no me pertenece. Si el amor no perteneciera a la naturaleza, no lo sentiría. Las emociones no son mías, sino de todos. Vienen del mismo universo. El universo es un campo de amor, un campo sexual, un campo material. No dejamos de hablar de soledad, pero nunca estamos solos.

En realidad, a usted, que era esencialmente un artista, ¿de dónde le vino el deseo de convertirse en terapeuta?

A.J.: Mi principal placer es escribir, concebir historias, dibujar viñetas. Pero estudié cinco años con un maestro zen y quedé maravillado por un sutra que decía: «No quiero nada para mí que no sea para los demás». Y así, indagando en mis sentimientos más sublimes (porque todos tenemos sentimientos sublimes de los que, estúpidamente, nos avergonzamos en esta sociedad tan intelectual donde un buen escritor tiene que ser destructivo y pesimista), descubrí en mi interior el amor de la humanidad, principalmente a través de la paternidad. Lo digo con toda la inocencia del mundo. De repente, descubrí que tenía muchos amigos, tanto en el pasado como en el futuro. ¡Y sentía una necesidad vital de participar en esta aventura colectiva! Como detesto pedir subvenciones, me planté gratis en una sala (al principio, fue una sala de baile) y desplegué mi cabaret místico para dar conferencias sobre el amor y la humanidad. Después vinieron las consultas del tarot y la psicomagia. Y de eso ya hace treinta años. Es un servicio de salud pública individual. Y todas esas ideas empezaron a circular...

¿Por qué los occidentales han descubierto ahora la importancia de los antepasados?

A.J.: Creo que tenemos varios inconscientes: el individual, el familiar, el social, el histórico… Los antepasados están en el histórico, y allí están vivos. El mundo actual está en peligro; es un gran enfermo. Su cuerpo lucha por sobrevivir. Creo que, nuestros antepasados luchan contra nuestra enfermedad como los anticuerpos: para defender y curar nuestro futuro. Por lo tanto, nuestra decadencia también muestra un lado positivo. Y, al contrario, creo que todos tenemos que trabajar para curar nuestro pasado. Un pasado enfermo puede curarse. ¿Cómo? Cambiando el punto de vista. La historia no es más que un punto de vista.

¿Es decir?

A.J.: El pasado tiene la misma consistencia que un sueño; es como las cartas del tarot. Son manifestaciones que no tienen una explicación racional precisa. Se pueden interpretar de maneras distintas según nuestro nivel de conciencia. Si el nivel de conciencia aumenta, el significado del pasado cambia y, como el árbol se juzga por sus frutos, si los frutos cambian, el árbol también. Por lo tanto, podemos curar nuestro pasado, entenderlo mejor. Nuestros abuelos, bisabuelos, tatarabuelos sufren su desgracia en nuestro interior; si nosotros nos realizamos, nuestros antepasados, en nosotros, van a realizarse y se unirán a nuestro nivel de conciencia.

Entonces, ¿podríamos hablar de una reversibilidad del tiempo? Los teóricos del caos sostienen lo contrario. Proclaman que el mundo es imprevisible e irreversible a la vez.

A.J.: Sí, pero ese es el destino de la materia, no del espíritu. En el espíritu, las cosas pueden cambiar. Un sufrimiento puede convertirse en alegría; un fracaso puede metamorfosearse en un éxito. Si uno piensa que sólo vive en su cuerpo, todo es irreversible. Pero si somos algo más que sólo cuerpo, el pasado es accesible aquí, en el presente. Cambiando el presente, cambiamos el pasado. Iluminando el presente, iluminamos el pasado.

En ese caso, no hay pasado...

A.J.: Ni futuro. La vida, eterna e infinita, está aquí, justo aquí, ahora, en cada uno de nosotros. Es realmente necesario que el psicoanálisis la entienda, en lugar de quedarse en un mero plano científico aplicando al espíritu las leyes de la materia. A los científicos les cuesta aceptar el lado surrealista del inconsciente. ¡El árbol genealógico es completamente surrealista y loco! Y la curación pasa por ahí. Por ejemplo, sin el concepto de Dios (pero un buen concepto, no uno podrido), no hay curación posible. ¿Por qué? Porque la curación no es posible si no hay unión con lo impensable. ¿Cómo vamos a curarnos si estamos privados de nuestras raíces, que son la vida primordial, sin reencuentros con la nada impensable?

Decididamente, usted se une a la visión búdica, en la que la suprema vacuidad no impide rezar por sus antepasados, que lo necesitan mucho...¡hayan sido santos o asesinos!

A.J.: O, simplemente, personas mediocres, normales. Porque están en nosotros, son nuestras raíces, somos sus frutos. En cuanto a las religiones, todas tienen que transformarse. Las religiones nos han hecho mucho daño. Pero no es que los Evangelios sean malos, sino las interpretaciones que les hemos dado durante siglos. La tradición rabínica actual, el integrismo musulmán, la actitud de la Iglesia católica respecto al sexo y al dinero... Sin embargo, ya no creo en la revolución. En lugar de atacar a la religión, tenemos que adentrarnos en su corazón y descubrir lo que tiene de bueno. Tenemos que transformarla.

¿Cree que un cambio se puede producir así, instantáneamente?
A.J.: Sí, pero siempre después de mucho, mucho, mucho trabajo. Todos vemos muy fácilmente los límites de los demás y muy difícilmente los nuestros.

3

Las constelaciones familiares
o el contacto alma a alma

ENTREVISTA CON BERT HELLINGER

Después de cursar estudios de filosofía, teología y pedagogía, Bert Hellinger trabajó durante quince años de misionero-maestro en el sur de África. En los años ochenta, a su regreso a Europa, colgó los hábitos, empezó a trabajar de psicoanalista y psicoterapeuta, se introdujo en una intensa práctica de dinámica de grupo y acabó por inventar su propio método: la Constelación Familiar, que llega a las profundidades psicológicas donde, en ocasiones, el lenguaje falla y donde los resentimientos son la única brújula.

En la actualidad, con setenta y seis años, Bert Hellinger pronuncia palabras que no siempre son políticamente correctas. Habla de honrar a sus padres, de respetar a los ancianos y, sobre todo, de comunicación de alma a alma cuando es de sobras conocido por todos que, para la ciencia, el alma no existe. Sin embargo, esto no impide que las constelaciones revelen de una manera extraordinariamente sencilla y dolorosa cómo estamos inconscientemente ligados a nuestros grupos de referencia, empezando por la familia, y también proponen una forma totalmente inédita de liberarnos sin separarnos, ¡algo tan imposible como dejar de respirar!

¿Alguno de ustedes ha participado en una Constelación Familiar? Aplicadas por primeras vez hace unos treinta años por Bert Hellinger, muchas escuelas las han adoptado. Curiosamente, este método tiene un gemelo inventado sobre la misma época por Alejandro Jodorowsky. Como explica el biólogo Rupert Sheldrake, las ideas pueden surgir de varias mentes a la vez. El principio es sencillo. Cuando le llega su turno, usted escoge varias personas del grupo (es una terapia grupal) para que representen cada uno de los miembros de su familia (o de su empresa, de la comunidad a la que pertenece o por el problema por el cual usted esté allí). Sin decirles nada de usted, coloca a esas personas como le plazca, de pie, con los brazos colgando, dentro del círculo formado por los participantes. Usted siempre actúa por *feeling*, bajo un estado semisonámbulo, sin pensar en nada, sólo vigilando lo que sucede en su interior. Después, se sienta y escucha al psicoterapeuta conselador interrogar a cada una de las personas de la constelación que se ha formado. Aunque parezca una locura, esas personas, que no saben nada de usted, su familia o sus antepasados, empiezan a responder a las preguntas relacionadas con usted, su situación, su vida, su árbol genealógico. Invitados por uno de los participantes de una constelación a representar a su padre (aunque hubiera podido ser su hermano, su hijo, su madre o su mujer, porque los vectores de la experiencia son andróginos), empezamos a sentir emociones, a pronunciar palabras, a hacer gestos y preguntas que no controlábamos y que participaban de un conjunto interactivo que implicaba a cuatro, cinco, seis, hasta veinte personas en un estado similar al nuestro y donde el todo adquiría un sentido agudo (en el relato posterior) por el tema sobre el cual constelábamos (verbo transitivo) y que desembocaba en un estado de total armonía... Un campo tan abierto es extremadamente sorprendente e incomparable a cualquier otra cosa. Y hay algo que es seguro: el intelecto no interviene o, al menos, no como fuerza motriz; se trata de algo más profundo. Bert Hellinger habla de una comunicación de alma a alma...

Usted primero fue sacerdote en África, ¿no es así? ¿Cómo se produjo la conversión a psicoterapeuta?

Bert Hellinger: Efectivamente. Durante dieciséis años dirigí una orden misionera en territorio zulú en África del Sur… y me imaginaba que aquello era lo que iba a hacer el resto de mi vida. Sin embargo, después me trasladaron a Alemania a dirigir unos seminarios de sacerdotes. Aquello me dio la oportunidad de dirigir talleres de trabajo con técnicos de dinámica de grupo. Y, poco a poco, me fui dando cuenta de que mi vida estaba lejos del sacerdocio.

¿Podemos hablar de algún hecho desencadenante?

B.H.: En 1971, asistí a un congreso de psicoanalistas. Durante la sesión, había un grupo de *hippies* muy ruidosos que no dejaron de molestar. Entonces intervino una terapeuta americana llamada Ruth Cone, consiguió convencer al grupo para que participara y logró calmarlos. Desarrollaba un método de interacción bastante particular que consistía en lanzar un tema a un grupo y dejar que se desarrollara… Siguiendo este método, se formó un grupo de trabajo para discutir el incidente con los *hippies,* y yo estaba en él. Ruth Cone nos expuso las bases de una técnica que yo ignoraba totalmente: la Gestalt. Me enfrenté a mi pasado y vi claramente que debía abandonar mi función de sacerdote. Al final de la sesión, recorrí el círculo de participantes diciendo: «Lo dejo». Y, unos meses después, lo hice. Conocí a mi mujer, empecé con el psicoanálisis y allí empezó realmente mi trabajo en el campo de las terapias. Tenía cuarenta y cinco años.

Entonces acabó de perfeccionar la Constelación Familiar, una terapia propia. ¿Cómo la concibió al principio?

B.H.: Antes de poderla concebir, exploré varios tipos de terapias y, principalmente, la más importante, la que aborda el ser humano en su dimensión de cuerpo/emociones. Pretende provocar el resurgimiento de emociones inhibidas, revivir de manera consciente las escenas traumáticas censuradas. Una vez liberado del recuerdo de determinados hechos dolorosos, enseguida me decanté hacia el análisis transaccional. El psiquiatra norteamericano Eric Berne, el fundador, afirma que los intercambios, las transacciones que efectuamos con nuestro entorno revelan nuestro guión de vida. Poco a poco, me fui dando cuenta de que los pacientes no siempre viven su guión personal… A veces, reproducen el de un familiar. En otras palabras, nuestros antepasados se mezclan con nuestro destino. Me acuerdo de un hombre que estaba completamente fascinado con el Otelo de Shakespeare. Durante una sesión, me reveló la razón de esa fascinación. En referencia a su pasión por Otelo, le pregunté: «¿Quién ha matado por celos?». Y me respondió: «¡Mi abuelo!». Ahí tiene un primer punto esencial: mi trabajo con las Constelaciones Familiares pone en evidencia una identificación inconsciente con una persona amada e importante, en este caso, el abuelo.

¿De dónde viene el término constelación?

B.H.: Es una síntesis de traducción. Sería preferible mantener la traducción literal del alemán y hablar de poner a la familia en el espacio. Porque para formar una Constelación Familiar, uno realmente pone a distintos miembros de la familia en el espacio, en un escenario, los unos en relación con los otros. Un poco parecido a la relación que hay entre las estrellas en el cielo.

Explíquenos cómo se desarrolla una terapia de Constelación Familiar.

B.H.: Primer punto importante: es un trabajo de grupo. Trabajo en público, en una gran sala. El constelado, aquella persona que quiere resolver un problema, acepta subirse a un escenario y yo voy a escenificar, literalmente, su problema introduciendo a su alrededor distintos personajes que representarán los miembros de su familia. Normalmente, suelen ser los padres, hermanos y hermanas… y el propio paciente. Escoge, entre el público, a las personas que van a encarnar a sus seres más cercanos.

Evidentemente, estas personas no saben nada del paciente ni de su familia. Después de atribuir los papeles, el paciente coloca, en el escenario, a cada uno en el lugar que le parece más justo. La persona que representa a la madre, por ejemplo, se coloca frente a la que representa al hijo y ésta, a su vez, da la espalda a la hermana. El paciente determina la orientación de sus miradas, las distancias entre ellos y lo hace de manera intuitiva. Después, se coloca en un lugar apartado y observa en silencio.

Lo que nos acaba de describir recuerda mucho a determinadas prácticas elaboradas por Alejandro Jodorowsky y, sobre todo, a la de la Escultura Familiar, la terapia desarrollada en 1942 por Virginia Satir, que era psicoterapeuta del grupo de investigación del Mental Research Institute *de Palo Alto, en los Estados Unidos…*

B.H.: Y, sin embargo, existen grandes diferencias entre unas y otras. Para empezar, en la terapia de la Escultura Familiar, los protagonistas son los miembros de la familia de verdad. Además, el paciente coloca a los individuos según la relación de unos con otros y les otorga una actitud determinada. A algunos les dice que se den la vuelta, a otros que levanten una pierna… En resumen, esculpe a la persona, ejerce una verdadera influencia. En el marco de una constelación, la intervención del paciente es mínima. En cuanto a los miembros de la constelación, todos están puestos en el espacio de manera muy intuitiva. No hay indicaciones ni consignas. Sólo así se pone en marcha la mecánica, los actores involuntarios empiezan a interpretar un guión que no es el suyo, movidos por una fuerza interior: la de la familia del constelado.

Cuando pone en escena una constelación, ¿qué tipo de fenómeno se produce, exactamente?

B.H.: A través de la constelación, es fácil verificar, tanto sensorial como emocionalmente, que las personas escogidas para encarnar a los miembros de la familia del paciente se sienten realmente como sus representados. No saben por qué, pero les afecta. A veces, adoptan incluso de forma intuitiva la voz, el vocabulario, los gestos y los tics de los representados. ¡Y se trata de personas a las que nunca han conocido!

Cuando la constelación está en escena, es decir, cuando cada persona está sumergida en ese estado de conciencia tan particular, los miembros de la familia manifestarán reacciones muy distintas, dependiendo del papel que les haya sido asignado. Algunos pueden experimentar sensación de calor, o de frío, o de ahogo, o ganas de moverse, o de estirarse en el suelo, o sienten unos dolores muy concretos... En general, todos presentan los síntomas de las personas que representan... ¡en situación real! Se convierten, un poco, en marionetas poseídas por los personajes que encarnan. Suele ser muy espectacular. La noción de los campos morfogenéticos desarrollada por Rupert Sheldrake puede ayudar a entender mejor este fenómeno. Le recuerdo que esta teoría defiende que un saber colectivo es accesible a cualquier individuo y que puede formarse en cualquier grupo. Obviamente, es una hipótesis que ha dado pie a varias controversias[2].

Y cuando ya tenemos una constelación alrededor de un paciente, ¿qué hace usted?

B.H.: La construcción de esta primera constelación refleja cómo el paciente percibe la situación. El lugar que ocupan los vectores, sus reacciones, todo permite discernir los problemas en directo. Entonces, la persona que conduce una constelación consigue fácilmente sentir cuál sería el paso siguiente que resultaría definitivo.

---

2. Ver los trabajos de Rupert Sheldrake, desde *Una nueva ciencia de la vida* (Editorial Kairós) hasta *De perros que saben que sus amos están camino de casa* (Ediciones Paidós Ibérica).

¿El paso siguiente?

B.H.: Digamos que, en un momento dado, en el escenario tenemos a la persona que representa a la madre del paciente y, frente a ella, está la persona que representa al padre. Digamos que la persona que representa al propio paciente, es decir al hijo, se coloca entre esas dos personas con la mirada al frente, inmóvil. En ese caso, uno puede sentir, por ejemplo, que colocándose ahí, entre sus padres, el hijo impide que sus padres se vean. Sin embargo, yo siento que quiere moverse, que esa situación no le conviene. Entonces introduzco un movimiento y le sugiero que dé tres pasos al frente. Acepta. Y, enseguida, me dice que se siente mucho mejor. La situación evoluciona. Siempre intento determinar qué otros personajes deberían estar en el sistema de la constelación. Los evidentes (un abuelo, por ejemplo), los que el paciente ha mencionado alguna vez (sé, por ejemplo, que tiene dos hermanas), pero también los que, con el paso de las generaciones, han podido ser excluidos y cuya ausencia puede resultar muy sentida... por el terapeuta que conduce la constelación o por alguno de los representantes en escena. Opera un fenómeno de impregnación, las reacciones de uno se encadenan con las de los demás. Con la ayuda de frases liberadoras y con varias señales de reconocimiento y de respeto, los que han sido excluidos (y permanecían entre los suyos como fantasmas) pueden revelarse y ser reconocidos. Cada uno encuentra el lugar que le correspondía...

Pero, ¿cómo puede estar seguro de qué personaje es importante para deshacer el nudo o uno de los nudos del problema?

B.H.: Son intuiciones o, mejor dicho, percepciones. No son fruto de mi imaginación; tengo acceso a ciertas informaciones a través de las actitudes de los personajes, sus reacciones, sus gestos, incluso sus palabras, porque es bien cierto que también pueden querer decir algo. El terapeuta se apoya en lo que siente o, para ser más exactos, en lo que percibe. Es una percepción fenomenológica.

Que quiere decir...

B.H.: A mi modo de ver, el método de las Constelaciones es una psicoterapia fenomenológica; es decir, que no está regida in situ por una elaboración teórica. La fenomenología es un enfoque filosófico que no necesariamente tiene que apoyarse en la verbalización. Esta percepción fenomenológica es la herramienta esencial del terapeuta de constelaciones. Nuestra atención subliminal, subconsciente, se las arregla para aislar todo tipo de informaciones, incluso anodinas, que surgen de la constelación y nos permiten interpretarlas de manera intuitiva. Pero así, de repente, no es fácil definir la unión implícita que se establece entre el conselador y el grupo de terapia. Esta práctica exige una presencia, una manera de escuchar particular, en este caso desprovista de cualquier intención preconcebida de lo que se manifestará durante la constelación. Únicamente prima la percepción inmediata de la situación.

Entreveo lo que no funciona en el orden existente. Y para eso, me apoyo en mis percepciones y mi experiencia. En este ejercicio, el terapeuta no tiene ningún objetivo definido. Sólo se concentra, o más bien se centra, y se mantiene abierto a cualquier cosa que pase. No sabe dónde irá a parar... Se expone a los fenómenos a medida que van llegando. No debe tener miedo de lo que aparecerá, ni mostrarse crítico, obviamente. El miedo y la crítica son dos elementos que pueden perturbar la percepción. Es lo que sucede realmente en la filosofía del Tao: lo más presente posible pero, en un soltarse sin intención total. Lo importante de las constelaciones sólo es lo que sale a la luz. Lo que actúa no es el terapeuta, sino la realidad emergente de la situación que se representa. El terapeuta no interviene, no manipula a nadie al servicio de dicha realidad.

Entonces, precisemos: ¿Es la constelación, en algún caso, comparable a un juego de rol?

B.H.: No, en la medida en que en las constelaciones no hay ningún rol que jugar: se trata de estar atento y presente, pero sin la menor voluntad. Aquellos que practiquen la meditación zen me entenderán perfectamente: se trata de adoptar la actitud de alguien que medita pero que, en lugar de estar abierto a lo Desconocido en su dimensión más absoluta, estará abierto a los demás y a todo lo que ocurra a su alrededor. Es una especie de meditación orientada. Es necesario que esta actitud sea globalmente condescendiente, como el espíritu compasivo de los budistas, orientado hacia los demás. Pero no es cuestión de querer lo que sea, ni siquiera de querer curar. Estos niveles psíquicos superiores deben ser totalmente inconscientes. Únicamente se trata de estar allí, de observar lo que sucede y, eventualmente, explicarlo.

¿Cómo sabe el terapeuta si sus percepciones son correctas o no?

B.H.: Sólo tiene que estar presente, atento a lo que sucede. Si uno espera el tiempo suficiente, las palabras o los actos se imponen por sí solos. ¡Uno sabe que eso es lo que tiene que hacer! Cuando escojo a alguien y lo coloco en el espacio en relación con los demás, no sé exactamente por qué lo hago. Es intuitivo. Lo siento. En cierto modo, el terapeuta coloca las piezas de un puzzle sin saber la imagen final que van a formar. ¡Es durante el proceso, o incluso al final, cuando todo se aclara! La solución aparece cuando todas las personas de la constelación se sienten bien en su posición.

¿Cómo sabe cuando una constelación ha tenido éxito?

B.H.: Es lo que le acabo de decir: cuando todos los miembros de la constelación están en su sitio, distendidos, con la expresión radiante. Todos. Mientras un solo miembro de la constelación no se sienta cómodo, eso quiere decir que no se ha logrado el objetivo.

¿Cuánto tiempo se necesita para alcanzar ese resultado?

B.H.: Una sesión dura alrededor de una media hora, dependiendo de la complejidad de las relaciones, claro. Pero es inútil prolongarla indefinidamente. Para empezar, pasado un determinado tiempo, la concentración de los participantes se reduce. Además, pasado ese tiempo, si la situación no se ha aclarado, es que nos hemos quedado bloqueados. E, incluso en esa situación, el terapeuta apenas interviene. Por lo tanto, si la situación no se soluciona, si no avanza, será esa realidad la que habrá que tener en cuenta. Sin embargo, ¿sabe una cosa?, darse cuenta de un bloqueo puede resultarle muy útil al paciente. Esta concienciación puede desencadenar en su interior un nuevo proceso.

Puede darse, por lo tanto, el caso que una constelación sea un fracaso, que no se consigan los objetivos. ¿Qué puede significar eso?

B.H.: Recuerdo el caso de una paciente que, en el transcurso de una constelación, dio un portazo fortísimo y se fue, muy enfadada. Más tarde me confesó que, horas después, mientras iba al volante de su coche, la emoción la inundó. Empezó a llorar y se vio obligada a pararse en el arcén, junto a un bosque. Y allí, de repente, tomó conciencia de su verdadero problema y de lo que tenía que hacer para resolverlo. La constelación había producido en ella el efecto deseado. No nos olvidemos que marcarse un objetivo de éxito o de curación implica mucha voluntad. Ahora bien, la voluntad pura también puede alterar el buen desarrollo de una sesión.

Entonces, si la curación no es el objetivo de la constelación, ¿cuál es?

B.H.: La constelación reinstaura el orden en el sistema familiar, reinyecta armonía colocando a cada uno en su lugar respecto a los demás. Para que lo entienda mejor, vamos a comparar el sistema familiar con un móvil de Alexander Calder. Cada elemento tiene una plaza definida que participa en el equilibrio del conjunto. Si se excluyera una pieza, todo el móvil se vería afectado. Por lo tanto, todos los elementos están unidos y se influyen mutuamente. El objetivo del trabajo en constelaciones consiste en actualizar las dinámicas y los desequilibrios ocultos. La exclusión es uno de estos puntos: si hay algún miembro de la familia excluido u olvidado, si los demás miembros de la familia niegan su existencia, todo el sistema familiar sufre una presión, a veces de dimensiones considerables, y en general a nivel inconsciente, que no disminuirá hasta que la pérdida quede compensada.

Y todo esto, exactamente, ¿cómo se traduce en escena?

B.H.: Tomemos el ejemplo de Paul. Tiene catorce años y demuestra algunas dificultades en clase para trabajar. Además, tiene tendencias suicidas. En la constelación que escenificamos para él, él (en realidad, su representante) está de pie, al lado de su profesor, delante de sus padres. El pequeño parece triste, y se lo digo. Ese comentario lo hace llorar y, enseguida, su madre también se echa a llorar. Siento que el niño no lleva su tristeza, sino la de su madre. En la familia de la madre debió ocurrir algún suceso que la entristeció. Se lo pregunto. Entonces, me dice que tenía una hermana gemela que murió en el parto. Un suceso que la familia había mantenido en secreto (y que luego verificaríamos con la historia de la madre de verdad). Saber cómo esa información pudo surgir en la conciencia de la persona que representaba a la madre en la constelación es un gran desafío para la ciencia, pero no es lo que nos ocupa ahora. Esa hermana había sido olvidada y todos, a través de un acuerdo tácito, una convergencia de no-dichos, se comportaban como si ese drama jamás hubiera sucedido, como si aquella niña nunca hubiera existido. Cuando sucede un drama como este, bajo la presión de la conciencia del clan, se va a escoger a alguien para representar, en la vida, a la persona desaparecida. Y en la mayoría de los casos, la exclusión es compensada por uno de los niños. Y éste, en este caso Paul, se identifica con la persona desaparecida. Expresa sentimientos que no son los suyos, adopta unos comportamientos y desarrolla unos síntomas que indican que hay algo que no funciona.

¿Y qué sucede cuando la persona excluida reclama su lugar?

B.H.: En el caso que nos ocupa, había una ausencia muy visible: la hermana gemela de la madre no estaba en la constelación. Entonces decidí reintroducirla y escogí a una persona para representarla. Ese fue el primer paso para recuperar el orden. La hice colocarse de espaldas al resto de la familia para indicar que, en ese momento, no formaba parte de ella. Entonces la madre se desplazó para colocarse detrás de su hermana gemela. Esta reacción reveló una dinámica oculta: la actitud de la madre demostraba claramente que deseaba seguir a su hermana hacia la muerte. Lo hacía por amor. Le pregunté cómo se sentía en esa posición y ella me dijo que mejor, confirmando así su deseo inconsciente de seguir a su hermana hacia la muerte.

¿Y supo eso únicamente porque la madre se colocó detrás de su hermana muerta?

B.H.: Es una dinámica muy frecuente en las constelaciones. «Te sigo» significa que una persona se siente forzada a seguir los pasos de otro miembro de su sistema. Y, a menudo, es «te sigo en tu enfermedad» o «te sigo hacia la muerte».

¿Existen otras dinámicas en las que una persona sufra la historia de otra?

B.H.: Sigo con el mismo ejemplo. Volví a colocar a la madre en su lugar original y, junto a la hermana gemela, coloqué a Paul. Enseguida, el chico que representaba a Paul dijo que se sentía mejor. Entonces apareció una segunda dinámica, consecuencia directa del «te sigo». En este caso, se trata del «antes yo que tú». Cuando Paul ocupa el lugar de su madre, ¿qué sucede? Él siente que ella quiere morirse y le dice: «muero por ti». Cuando uno de los padres está llamado desde fuera de la familia por razones sistémicas, es decir, cuando intenta reunirse con un miembro de la familia muerto, los hijos inconscientemente lo sienten. Tomando la decisión de «antes yo que tú», el niño se pone al servicio de su familia, se siente en armonía con ella y cumple con su misión.

A partir de allí, ¿cómo se desarrolló la sesión de Paul?

B.H.: A partir de allí, desplacé a la hermana gemela junto a la madre, por lo tanto, volvía a estar dentro de la familia. Volvía a formar parte del clan. Después coloqué al niño delante de sus padres. La madre le dijo que ahora quería quedarse. Así pues, él ya no tenía que hacer lo que fuera por su madre o, mejor dicho, en el lugar de su madre. Y, en consecuencia, se liberó. ¡La solución era esa! Hasta entonces, el niño quería suicidarse en lugar de su madre. Lo peor era que él se sentía bien en ese papel que, sin embargo, no era el suyo. Un día, hubiera podido hacerlo, conscientemente, porque lo habría hecho en lugar de su madre. No se puede salvar a nadie siempre que esté convencido de tomar las decisiones correctas y no demuestre ningún sentimiento de culpabilidad: inconscientemente, sigue las reglas del grupo, en este caso, de la familia. Como puede suponer, este sentimiento forma parte de la pertenencia a un grupo: uno tiene la certeza de tener allí su lugar. Es una de las grandes leyes familiares.

¿El simple hecho de pertenecer a un grupo nos disculpa de todas las acciones de podamos ejercer en su nombre, por su cohesión, por su supervivencia?

B.H.: Exacto. Cuando el sentimiento de pertenencia a un grupo es claro, uno adopta la conciencia del grupo, en este caso la familia; la familia es el grupo más fuerte, pero también puede ser una banda, un ejército, una comunidad, un partido, una asociación, un sindicato, etc., al que prestemos juramento y cuyos valores se conviertan en los nuestros. Por el contrario, cuando sufrimos el miedo de no pertenecer más a ese sistema, tenemos mala conciencia. La aspiración de pertenecer al grupo constituye, en las capas más profundas del inconsciente, el principal motor de nuestros actos. Mi conciencia es el grupo, él es quien decide por mí qué está bien y qué está mal.

En realidad, la buena conciencia es una necesidad infantil. Cuando somos pequeños, todos hemos experimentado la intensa necesidad de sentirnos observados, aceptados y aprobados por nuestros padres, porque lo peor que podía pasarnos era sentirnos excluidos de la familia. Y esa es la razón por la que la fuerza de pertenencia que nos une a la familia es tan colosal: para no ser excluidos y poder sobrevivir bajo la mirada de nuestros padres somos capaces, literalmente, de todo, incluso, paradójicamente, de morir. En la infancia, afirmo que el motor de este proceso es el amor puro. Sin embargo, en la edad adulta, necesitamos liberarnos de la mirada de nuestros padres porque ya no se trata de amor, sino de una mezcla de miedos y costumbres. Evidentemente, liberarnos así implica correr el riesgo de comprometernos con una vía que no coincida con los ideales de nuestros padres y, de este modo, herir su amor propio. Así pues, esta liberación suele ir acompañada de un sentimiento de mala conciencia. La mala conciencia también se instala en nosotros cuando tenemos un sentimiento de deuda demasiado grande para con nuestro grupo de referencia, básicamente una deuda que no podamos pagarles a nuestros antepasados. De este modo, me he encontrado con muchos judíos supervivientes de los campos de concentración que vivían en un continuo sentimiento de culpabilidad con respecto a todos aquellos que habían perecido allí. Se comportaban como si no quisieran vivir. Era su manera, absurda aunque totalmente comprensible, de pagar su deuda. Y esto aporta una luz adicional a nuestra constelación: todos los intercambios tienen que equilibrarse; si recibí, tengo que entregar; si doy, tengo que recibir algo a cambio. Es así. No puedo constatarlo. La ley de los equilibrios es completamente ineludible. Puedo perfectamente, en nombre de mi propia idea de la libertad, ir contra todas las reglas de pertenencia grupal, pero debo saber que, en ningún caso, podré sustraerme (ni a mis descendientes) del reequilibrio necesario, eventualmente muy violento, de ese desvío. En este sentido, me parece ridículo limitar la terapia transgeneracional, como hacen algunos, al hecho de separarse de su destino genealógico, de liberarse de él, de cortar las raíces que no serán más que trabas. En mi opinión, la liberación de la persona pasa por el reconocimiento de sus lazos ancestrales. Negarlos, detestarlos, insultar a padres y antepasados, borrar su recuerdo, dar rienda suelta a todos los sentimientos negativos sobre ellos que nos alimentan, todo esto sólo puede llevar a una cosa: a culpabilizarnos a nivel inconsciente y a castigarnos.

Volvamos al objetivo de una constelación. Se trata de reestablecer un orden en el sistema familiar, y eso significa que determinadas leyes rigen este orden, ¿no?

B.H.: Efectivamente, porque cada tragedia familiar descansa sobre una trasgresión de las leyes que rigen el sistema. Ya le he presentado una de estas leyes: el sentimiento de pertenencia y sus digresiones. Cuando se ha excluido o expulsado a un miembro de la familia, siempre hay quien, más tarde, se sentirá inconscientemente implicado en el destino de la persona excluida y retomará la exclusión como si fuera propia… sin entenderla, a menos que recurra a una terapia transgeneracional. La segunda ley sistémica concierne a la presencia: cada uno debe tener su lugar según una jerarquía cronológica muy bien definida. Este orden no tiene nada de cualitativo. Sencillamente significa que los padres van antes que los hijos y los antepasados o ascendientes antes que los descendientes. Por lo tanto, los mayores tienen ventaja. Nadie puede entrometerse en asuntos de alguien que estaba allí antes que él sin que eso cree un desorden. El caso del hijo que quiere morir en lugar de su madre es un ejemplo muy ilustrativo, porque se entromete en los asuntos de su madre. Con los años, he visto que todas las tragedias adoptan el mismo patrón: un descendiente se entromete en los asuntos de un antepasado, y lo hace con buena conciencia. Y lo que es peor, esa buena conciencia motiva la infracción. Pero la presión de la conciencia de clan hace que fracase.

Buena conciencia, mala conciencia, conciencia de clan: ¡pero toda esta conciencia es, en realidad, inconsciente! ¿Cómo funciona, según usted, la conciencia de clan?

B.H.: En realidad, es bastante sencillo. Tiene razón; en primer lugar, es innegable que existe una conciencia de grupo; en segundo lugar, la conciencia vela por la memorización de los datos. Sea cual sea la naturaleza del intercambio entre humanos, siempre están guiados por una buena o mala conciencia. Es lo que nos empuja a entrometernos en los asuntos de nuestros antepasados y a ir contra las reglas. Cuando uno sabe esto, puede dirigir su conciencia personal hacia la armonización con la conciencia de clan. Es cierto que la conciencia personal no tiene el mismo objetivo que la conciencia de clan, que yo prefiero denominar alma colectiva. Ésta última puede definirse como una fuerza, un principio que nos empuja inexorablemente a buscar la armonía grupal, a reestablecer el equilibrio colectivo. La conciencia de clan supera al individuo y vela para que nadie quede excluido. Aunque la exclusión de un miembro parezca justificada a nivel racional, la conciencia de clan no lo tolerará y empujará a la familia a reaccionar como si se hubiera producido una injusticia que deben expiar. Para que todo vuelva al orden, será imperativo que la persona excluida recupere su lugar, si es necesario bajo la forma de un sustituto.

¡Una especie de memoria conservadora que se esfuerza porque la figura original permanezca, porque todo el mundo siga en su sitio!

B.H.: Sí, es lo que denomino la intricación sistémica. A veces se dan casos en que la hija adopta el papel de la madre de su madre, sobre todo si ésta está enferma o deprimida. Por lo tanto, la hija se coloca por encima de la madre. Pero eso constituye un gran delito en la conciencia colectiva porque se han invertido los papeles, y eso genera problemas psicológicos a los individuos de la familia. Ahora bien, lo que es extraordinario es que la conmoción de un sistema familiar pueda resentirse durante varias generaciones. ¡Una niña puede sentirse desestabilizada y dirigir el sentimiento de culpabilidad hacia una de sus bisabuelas a la que nunca conoció y de quien nadie le ha explicado la falta! A lo largo de una constelación familiar, es necesario entregar a la persona excluida el lugar que la haga regresar al seno de la familia. En el caso de una tatarabuela, introduciría en escena varias personas, representando varias generaciones, para remontarnos al origen del problema. A partir del momento en que la antepasada excluida sea readmitida, cuando su representante manifieste un estado de comodidad en el seno de la constelación, el orden volverá a estar reestablecido en la línea.

¿Para qué grandes tipos de problemas debe uno recurrir a la técnica de las constelaciones?

B.H.: Antes de responderle, quisiera insistir en uno o dos puntos. Para empezar, una constelación no es un entretenimiento ni un espectáculo. Uno no viene a hacer una constelación por curiosidad. Lo que está en juego son asuntos bastante graves, porque el paciente sufre. Tanto si se trata de una enfermedad, de una tendencia suicida como de un duelo no expresado por una madre muerta en el parto, en resumen, de cualquier situación en la que uno se encuentre impotente frente al sufrimiento, la constelación puede ser una buena técnica. Evidentemente, en ningún caso puede utilizarse para saldar cuentas con tal o tal miembro de la familia. Para eso existen otras terapias de tipo emocional que son mucho más eficaces.

Las situaciones en las que las constelaciones son especialmente útiles son, por ejemplo, las que giran alrededor de enfermedades como cáncer o anorexia, problemas provocados por una adopción, pero también una violación… el abanico es muy amplio. He trabajado en la cárcel con criminales; pero también me he encargado de solucionar problemas de pareja. Una constelación para evitar una separación, o para provocarla. El que quiere marcharse sigue, quizás inconscientemente, el destino de un miembro de la familia que, en otra época, se vio obligado a abandonar a la persona querida. Y el que se queda lo hace, quizás, por lealtad a un antepasado que cobardemente abandonó a su familia.

Usted dice que los pacientes que sufren enfermedades graves acuden a usted para consultarle. Pero usted no pretende que el objetivo de la constelación sea la curación.

B.H.: A veces, la enfermedad se corresponde a un deseo de expiación. Recuerdo a un paciente que se identificaba con su abuelo, que había atropellado y matado a un niño con el coche. La enfermedad le permitía cargar con el sufrimiento y la culpabilidad de su abuelo. Al renunciar a cargar con esos sentimientos, su salud mejoró mucho. Pero, cuidado, no soy médico y se lo repito: efectivamente, el objetivo de la constelación no es la curación. Mi trabajo consiste, antes que nada, en reequilibrar las fuerzas o las corrientes (llámelas como quiera) que se crean en el seno de una familia.

En varias terapias básicamente transgeneracionales se habla del perdón. ¿Es importante para usted esta noción?

B.H.: Cuando uno perdona, se coloca por encima de los demás. En realidad, el perdón hace que el presunto culpable sea todavía más culpable. Para mí, la reconciliación verdadera consiste en un reconocimiento de las culpas de cada uno acompañado por un diálogo entre las personas implicadas.

¿Aunque la persona implicada haya vivido varias generaciones antes que nosotros?

B.H.: Totalmente. Y la constelación también sirve para eso, para restablecer una comunicación con el más allá. Pero, lo que pasa es que si estas terapias no transmiten amor, no son más que técnicas y conducen a la trivialización. El amor que aparece aquí no tiene nada que ver con el que un hombre pueda sentir por una mujer o un padre por su hijo. ¿Qué sucede realmente en una constelación? Esta percepción, que me permite extraer intuitivamente lo esencial de la persona observada, sólo es receptiva. También crea una fuerza que actúa de manera manifiesta. Mi opinión es que lo que permite que el proceso siga adelante es el amor. Sólo él puede hacer que seres cerrados se abran a su destino, a su familia. Obviamente, la intimidad que nace de este tipo de percepción sólo es posible si uno observa una cierta distancia. La distancia del verdadero amor, que no es fusión, sino respeto y escuchar con atención.

¿Diría que se trata de una actitud espiritual?

B.H.: La noción de espiritualidad siempre es difícil de definir. Gracias a estas terapias transgeneracionales, podemos cambiar nuestra visión del mundo y abrirnos a una forma de conocimiento espiritual. Desde el punto de vista de la fenomenología, la cuestión es aceptar la vida, el destino, tal como se presenta. Sin resistirse. Ese acuerdo da la fuerza interior que permite mantener una auténtica serenidad, incluso bajo las presiones más violentas. Cuando uno, terapeuta o paciente, trabaja con los lazos sutiles que mantiene en su línea descifra de manera mucho más clara la inmensa aventura de la vida.

Hablar de un trabajo de alma a alma debe chocar a muchos terapeutas que deben ver en esa técnica reminiscencias de su época de sacerdote. ¿Para qué correr el riesgo de enfrentarse a ellos?

B.H.: A partir de cierta época, sentí que mi labor ya no se encontraba dentro del sacerdocio. Pero no reniego de mi pasado y me mantengo atento y respetuoso con mi Iglesia. Aunque ya no fuera creyente, creo que no cambiaría nada. Entiendo perfectamente a Martin Heiddegger cuando dice que, incluso después de perder la fe, seguía mojándose la mano en la pila de agua bendita o santiguándose y haciendo la genuflexión cuando entraba en una iglesia. En mi opinión, lo hacía por respeto a sus antepasados.

En cuanto a la palabra alma, se refiere a lo más profundo de cada uno de nosotros. Es un nivel misterioso del cual me resulta imposible pretender conocer la naturaleza. Es cierto que, a un determinado nivel, no somos individuos separados y que en el fondo estamos unidos. Es, sin duda, en ese nivel donde se produce una comunicación de alma a alma... El alma sobrepasa al individuo por mucho. No tengo un punto de vista ideológico sobre este tema; es un fenómeno que constato.

Se sitúa más allá de la moral...

B.H.: Abordar una constelación hablando de prejuicios morales no serviría de nada. Incluso en los temas criminales, no se trata de juzgar en términos de bueno o malo, sino de descubrir el contexto en que se produjo el crimen. Podría citarle el caso de una relación incestuosa que, puesta en constelación, permitió a la mujer víctima de dicha relación reconocer que había cumplido con una función en lugar de su madre y que, a pesar de todo lo que había pasado, seguía queriendo a sus padres y pudo, después de equilibrar los intercambios sin odio, liberarse de las relaciones incestuosas que la alienaban y dejar a sus padres en paz. El bien puede nacer del mal. Del mismo modo, si nace un niño fruto de una violación, estará obligado a reconocer que su padre es su padre y que no tiene otro; y la madre del niño tendrá que, hasta cierto punto, querer al hombre que la ha violado, es decir, respetar en él al padre de su hijo. Si no lo hace, negará algo esencial en su hijo, en detrimento de él mismo y su línea. No estoy hablando de estar enamorada del violador, sino de conjugar el verbo querer a un nivel superior, donde el amor corresponde a una fuerza superior a todo. La falta del violador no se borra, pero se recoloca en un contexto mayor.

¿Y el trabajo de integración final? ¿Devuelve a la gente a la calle sin que hayan podido verbalizar lo que ha sucedido durante la sesión de constelación?

B.H.: Para empezar, debo decir que determinadas personas están en un punto de su evolución personal en el que prefieren continuar soportando un sufrimiento conocido que arriesgarse a abrirse a una felicidad desconocida. Cuando uno sufre durante mucho tiempo por una mala causa, acaba por decirse que, a lo mejor, no es tan mala... ¡en vez de entender que ha llegado la hora de cambiar! Después de decir esto, a menudo, cuando se interrumpe una constelación antes de terminar (porque se ha quedado bloqueada en un impás y decido posponerla o porque el paciente alrededor del cual constelamos se enfada y se va), constato que, unas horas o unos días después, la persona en cuestión se pone en contacto conmigo y me dice que se están produciendo cambios profundos en ella. En este caso, la constelación ha servido como detonante de un proceso inconsciente más largo, pero extremadamente útil. La cuestión es saber si el alma seguirá al inconsciente y si uno está dispuesto a dejar atrás los beneficios secundarios del sufrimiento. A veces es muy doloroso.

Cuando una constelación llega a su fin, cuando por fin se ha encontrado la combinación y se ha instalado una serenidad general, usted le pide al paciente, al individuo cuya situación y familia están representadas en el escenario, que abandone su silla de espectador y tome la posición de su suplente...

B.H.: Sí, para recibir, de alguna manera, la bendición de su linaje. ¡Para esa persona, ese momento es un formidable baño de regeneración! Sin embargo, también hay casos en que el paciente no puede asumir ese regalo porque es demasiado fuerte o demasiado pronto. No se le puede forzar a actualizar en él, en ese momento, la ventana de oportunidad que la constelación ha abierto hacia el campo de sus posibilidades.

Usted tiende mucho a hacer que los más ancianos bendigan a sus descendientes al final de la constelación. ¿Lo hace para remarcar que se ha recuperado el orden normal, cronológico o ancestral?

B.H.: Sí. Cuando un niño se inclina delante de su padre y éste le da su bendición, se incorporan a la corriente de la vida y se someten a ella. El gesto del padre de bendecir a su hijo va mucho más allá de su simple relación interpersonal: de hecho, es todo el linaje que, a través del padre, reconoce al hijo. El padre no sirve de otra cosa que de intermediario. No niego que se trate de un acto religioso en el sentido más antiguo de la palabra: une vivos y muertos por una corriente de conciencia y amor. En este sentido, se puede decir que la constelación familiar tiene algo de litúrgico, y por eso es tan importante practicarla únicamente con gran conocimiento y un profundo respeto.

4

Fantasmas y ángeles
en el país de los antepasados

ENTREVISTA CON DIDIER DUMAS

Los diez años que, al principio de su carrera, pasó trabajando con niños sicóticos fueron calificados de ejemplares. Didier Dumas, un psicoanalista que, después de realizar los estudios de acupuntura, empezó a realizar investigaciones sobre el chamanismo, pertenece a la misma escuela que Françoise Dolto, que escribió el prólogo de su primer libro, *L'Ange et le Fantôme*. Más tarde, publicó más libros convirtiéndose todos ellos en referentes, entre los que destacan *La Sexualité masculine, Et l'enfant créa le père* y *La Bible et les fantômes*. A través, básicamente, del concepto de fantasma creado por Nicolas Abraham y Maria Torok, Dumas explica cómo éste se transmite de una generación a otra desde un enfoque tremendamente riguroso con el conocimiento de la lengua, el cuerpo y sus resonancias transgeneracionales, un campo en el que Freud no incidió demasiado, ignorando las resonancias hasta los abuelos, mientras los taoístas miden un destino sobre nueve generaciones y la Biblia lo hace sobre las tres o cuatro precedentes, donde los fallos de los padres se transmiten obligatoriamente.

Si Dumas ha podido utilizar un siglo de investigaciones sobre la psicosis y la neurosis para contribuir a que la sexualidad occidental madurara, y así ofrecer una continuación espiritual al ma-

69

terialismo que, según él, consigue explicar cómo el niño integra la sexualidad y la muerte, es porque su trayectoria personal lo ha llevado a bordear muy de cerca las zonas que lindan con la locura y la muerte. Partiendo de un enfoque puramente sensible y artístico, rápidamente traspasó las grandes etapas de la iniciación psicoanalítica para adoptar una visión absolutamente singular, donde la ciencia restablece las más antiguas tradiciones y donde la síntesis del disfrute y la compasión metamorfosea la ceguera del sufrimiento ancestral en base a la conciencia y el amor.

Didier Dumas, usted que fue uno de los pioneros del enfoque transgeneracional, ¿no está un poco sorprendido por la repentina proliferación de investigaciones y prácticas que lo retoman después de varios años?

Didier Dumas: La verdadera cuestión no es saber por qué el enfoque transgeneracional ha vuelto a reaparecer en muchos estudios, sino por qué había desaparecido del pensamiento occidental de una manera tan abrupta. Fue como si la evolución de las ciencias y las técnicas, que aparecieron a principios del siglo XVIII y proliferaron durante el siglo XIX, hubieran vuelto la espalda al hombre moderno y que éste se hubiera olvidado de todo, olvidando incluso el lugar donde él mismo es un misterio y donde se reúnen su sexualidad y su relación con sus antepasados. Ninguna otra civilización se había descuidado a sí misma hasta ese punto. El pensamiento chino, el pensamiento amerindio, el pensamiento africano, el pensamiento australiano… todos están abiertos al enfoque transgeneracional y, para ellos, la sexualidad es una de las bases de la salud. Nosotros hemos necesitado un siglo para que el psicoanálisis redescubriera las evidentes bases del funcionamiento humano. ¿Por qué tanto tiempo? Eso sí que es una incógnita.

¿Qué relación hay entre el sexo y los antepasados?

D.D.: El no-dicho (o impensado) transgeneracional, que yo denomino fantasma y que provoca estragos considerables al transmitirse a los descendientes, oculta esencialmente las preguntas relativas al sexo y a la muerte. Por lo tanto, es muy importante entender que venimos de una sociedad que, a partir de la revolución francesa, se ha ido poniendo poco a poco sexualmente enferma. Recordemos que, durante el reinado de Luis XIV, los franceses todavía hacían el amor en público, o en familia, y que el mismo rey copulaba con la reina a la vista de todos. La ola puritana empezó a helarlo todo a partir del siglo de las luces, basándose en las tesis anti-masturbación de la nueva medicina que, viendo en esa actividad la peor de las plagas, sometió a una tortura generalizada a los niños. Lentamente, se empezó a confundir a Dios con la ciencia; todos se creían maestros que, armados con ella, podían resolverlo y dominarlo todo. En el siglo XIX, este oscurantismo modernista se convirtió en algo francamente aterrador. El cuerpo humano y el sexo fueron literalmente torturados, hasta niveles inauditos, bajo el dominio de una especie de alianza perversa entre los sacerdotes, los médicos y las madres de la burguesía católica, en la que los médicos se revelaron peores que los sacerdotes. Y esto es lo que engendró, uno no se cansa nunca de decirlo, dos patologías de masas: la histeria maternal y el fetichismo de los padres, ¡con la Virgen María por un lado y los prostíbulos por el otro! El psicoanálisis de Freud nació en este contexto, y uno sólo puede alegrarse por ello, aunque hay que entender muy bien que su psicoanálisis tenía como única referencia antropológica «normal» una gigantesca enfermedad humana: una humanidad dividida en dos. ¡La madre y la puta! Y dentro de ese caos totalmente específico de occidente, el medio de transmisión de la enfermedad de los antepasados ha caído en la trampa.

Antes de preguntarle sobre esa enfermedad, permítame una reserva: Freud había reconocido que para fabricar un sicótico eran necesarias dos o tres generaciones, ¿no? Algo de la dimensión transgeneracional se le había quedado...

D.D.: ¡Pero si las palabras abuelo y abuela ni siquiera aparecen en toda su obra teórica! Es una pregunta que se planteó al principio de sus investigaciones. Aparece en la correspondencia que mantuvo con su amigo Fliess. Sin embargo, a partir del momento en que construyó su teoría, rechazó radicalmente esta manera de plantearse la enfermedad mental. Lo único que hace las veces de eso en su obra es el Súper Yo. Freud no era psiquiatra, era neurólogo. Nunca analizó a los sicóticos. Es una de las cosas que lo oponen a Jung, que sí era psiquiatra y sí los tenía en cuenta. Freud no ignoraba que las enfermedades mentales podían transmitirse a los hijos, pero es algo que siempre rechazó categóricamente. Lou Andréas-Salomé le preguntó al respecto. ¿Qué le respondió Freud? «Espero no tener que ocuparme de eso mientras viva.» Sin embargo, Salomé le aportó casos clínicos parecidos al suyo.

El hermano pequeño de Freud murió de una enfermedad de estómago y el propio Freud sufría unos dolores de barriga terribles los domingos por la mañana, antes de ir a desayunar a casa de su madre. Vivía atormentado por la muerte de su hermano pequeño pero, a pesar de eso, o precisamente por eso, no atendía a razones. Y sus discípulos y descendientes tampoco. Siempre resulta sorprendente comprobar hasta qué punto la sucesión de un genio puede engendrar un grupo de conservadores momificados que toman como fetiches las ideas del maestro y se niegan a escuchar algo que se salga de las enseñanzas que éste les dio. El problema es que, a menudo, su fetichismo (teórico) se aplica a las secciones más pobres de su pensamiento. Así, por ejemplo, centrar todo el psicoanálisis en la teoría de la castración para después aplicársela a un niño no tiene sentido. Con los niños, esta teoría, que pretende que tengan miedo de que su padre los castre, no tiene sentido a menos que el niño esté correctamente informado de la función de su sexo. Sin embargo, muchos terapeutas no se dan cuenta de esto porque incluso los hay que aplican esta teoría con las niñas. Es absurdo aplicar a los niños, sin otra fórmula, conceptos elaborados en la clínica del adulto. Es un hecho que ha impedido a varias generaciones de terapeutas entender que un niño no puede formarse en armonía si no sabe que también ha salido de los testículos de su padre. Si no se lo explican, no ve a su padre como tal, sino como un compañero de la madre. Y a un compañero de la madre un niño puede tratar de seducirlo o de eliminarlo. Además, si este niño tiene problemas, pongamos por ejemplo en el colegio, el psicólogo al que lo lleven tiene muchas posibilidades de llegar a esta conclusión: «No se preocupen, su hijo sólo padece el complejo de Edipo». Sin embargo, nunca les preguntará: «¿Sabe su hijo que salió de los testículos de su padre?» Me he dado cuenta que muchos abuelos, explicando marranadas por las esquinas, han salvado a sus nietos porque, indirectamente, les han informado de la existencia de su sexualidad. Pero Freud ignoraba que la psique familiar es una entidad propia que actúa al mismo nivel que la psique individual...

¿Quiere decir que el enfoque transgeneracional es más jungiano que freudiano?

D.D.: No, los jungianos no tienen una teoría de funcionamiento de la psique colectiva. Designar un inconsciente colectivo sin haber entendido cómo funciona la inconsciencia colectiva es como intentar levantar una casa sin cimientos. El inconsciente transgeneracional descansa sobre estructuras mentales individuales y colectivas. Nuestro espíritu se construye en base a la relación con el otro (al principio, con el padre o la madre). No existe fuera de «Dos»: la relación y la comunicación con los demás. En el «Uno» no existe. Metafóricamente, tenemos dos ojos, dos orejas, dos manos y dos cerebros que hacen que estemos, constantemente, dialogando con nosotros mismos. Si observa cómo piensa, lo hace sin cesar mediante una despoblación. En el «Uno» no hay existencia mental. Y es así desde el principio porque, hasta la adquisición del lenguaje, el bebé vive en una psique comunitaria que le permite ser, rotativamente, «yo-mamá», «yo-papá», «yo-mi hermana mayor» o «yo-la persona que me cuida». Y así hasta que se construye la psique individual que es, grosso modo, hacia los tres años. A partir de ese momento, el niño empieza a hablar, descubre que las imágenes que hay dentro de su cabeza no son las mismas que las de su madre y adquiere la facultad de mentir. Y dicho esto, sólo quiero añadir que el enfoque transgeneracional permite resolver la vieja polémica entre Jung y Freud, como demuestra la periodista Nina Canault en su libro *Pourquoi paye-t-on les dettes de ses ancêtres*, donde presenta un extenso abanico de investigaciones en ciencias psicológicas y sociales. Esquemáticamente, yo diría que Freud no podía aceptar el inconsciente colectivo propuesto por Jung porque, previamente, no había definido lo que podía ser el consciente colectivo. Pero esas viejas disputas ya no tienen sentido si consideramos, como he demostrado, que el psicoanálisis transgeneracional ya estaba magistralmente bostezado en el texto bíblico…

Esta es su última teoría y hablaremos de ella más tarde pero, antes de eso, ¿podría precisar qué es un fantasma, según usted?

D.D.: En realidad, si el trabajo con los niños sicóticos me llevó a interesarme por el taoísmo, la acupuntura y el chamanismo, es en gran parte porque todas estas materias se preocupan por los muertos; es decir, por nuestros familiares, seres queridos, amigos o antepasados que están «mal muertos» y que, de un modo u otro, siguen mortificándonos. El psicoanálisis freudiano, queriendo desmarcarse de lo religioso y adoptar un aire científico, se saltó la muerte. Se interesó directamente en el duelo. Sin embargo, alineándose con los científicos, no quiso saber nada de las representaciones del más allá en el espíritu humano ni para qué sirven. Es como si hubiera limitado la muerte a la dimensión material: el cadáver. Sin embargo, el ser humano no puede vivir sin un sistema de representaciones de la muerte que, además, es indisociable de su sexualidad. Por eso, preocuparse por los muertos que no pueden continuar su camino tranquilamente es una tarea de higiene mental. Un trabajo que, desde siempre, se ha considerado tan esencial como indispensable, para el interés de todos, del difunto y de los que lo sobreviven y en todas las culturas, excepto en la nuestra, donde el materialismo tiende a limitar la relación con el difunto a la calidad del ataúd con que lo enterramos. Las consecuencias que esto implica son enormes. Estamos repletos de angustias y duelos no expresados, atormentados por todo tipo de patologías ancestrales que, a juzgar por lo que me han enseñado mis pacientes, provocan problemas que sólo los médicos que trabajan con las energías parecen saber curar. Afortunadamente, desde hace varias décadas, nuestro mundo ha redescubierto el acompañamiento a los muertos y se ha empezado a hacer un trabajo de fondo sobre la relación con los antepasados y lo transgeneracional que, en la mayoría de las obras de esta ciencia, nace de lo que Nicolás Abraham denominó fantasma.

¿Quiere decir que vivimos atormentados por todos aquellos seres queridos que murieron sin haber podido arreglar sus problemas emocionales y psíquicos más importantes?

D.D.: Todo tipo de problemas pueden ser consecuencia de que los muertos de la familia no pudieran liberarse de sus traumatismos antes de morir. En términos de Nicolás Abraham, el fantasma es «una patología del inconsciente que se transmite de inconsciente a inconsciente en las relaciones de filiación». Este concepto modifica considerablemente la visión psicoanalítica. Para Freud, el inconsciente está formado únicamente por experiencias olvidadas de nuestra primera infancia. Nicolás Abraham también habla de experiencias olvidadas, pero tanto de nuestros padres, de antepasados más lejanos como de varias generaciones hacia atrás.

Hoy en día podemos ser más precisos: el fantasma siempre es un traumatismo relacionado con el sexo o con la muerte, y pocas veces con otra cosa. Un traumatismo que se transmite a las siguientes generaciones bajo la forma de secreto de familia. Evidentemente, estos traumatismos pueden asociarse a traumatismos colectivos como guerras, deportaciones, etc. Por ejemplo, yo viví personalmente una experiencia turbadora cuando descubrí, en el museo del Desierto, cerca de Anduze, en las Cevenas, que mis antepasados protestantes sufrieron el equivalente a la *Shoah*[4] después de la revocación del edicto de Nantes, cuando las dragonadas exterminaron de Francia todo lo que no fuera católico. Esas masacres fueron, en mi historia, totalmente ocultadas por otro fantasma que había heredado de pequeño: el fantasma de Auschwitz.

Esta dimensión colectiva de la transmisión de los traumatismos no la percibieron ni Freud ni Nicolás Abraham. Por lo tanto, nuestras estructuras mentales sólo son individuales parcialmente. Todo lo que Freud denominó el Súper Yo es, a fin de cuentas, la psique colectiva. En términos clínicos, el fantasma no es un antepasado mal muerto que hace cosquillas en la planta de los pies a sus descendientes, sino una estructura emocional, familiar o colectiva que simula que no lo hemos enterrado. Muy esquemáticamente, podemos decir que el fantasma actúa como una gestalt energética: una forma emocional, familiar, cultural o social que el niño duplica, construyendo sus estructuras mentales dentro de las de sus padres. Ahora bien, esto se produce en la época en la que el niño, que todavía no habla, se beneficia de una psique comunitaria: la de las estructuras familiares en las que ha nacido. El fantasma es un objeto de la estructura familiar antes de ser lo que se transmite al niño. Este aspecto colectivo es el que hace que, asociado al chamanismo, el análisis transgeneracional cuide de todos, vivos y muertos, al mismo tiempo. Para mí, el chamanismo explica lo que le falta al psicoanálisis. Al contrario que éste, el chamanismo dispone de un conocimiento de la muerte que no lo limita al cadáver. Y la clínica de los mal muertos es aproximadamente la misma que en el taoísmo. Sin embargo, en cuanto a los vivos, el psicoanálisis transgeneracional es, sobre todo, el único susceptible de crear una clínica parental eficaz.

¿Podríamos decir que constituye una forma sofisticada de terapia familiar?

---

4. N. de la T. Holocausto.

D.D.: No, en absoluto. Elaboré mi visión de lo transgeneracional analizando a niños desde la óptica que abrió Françoise Dolto. Y en lo concerniente a la terapia familiar, sólo sé lo que ella dice al respecto: que este enfoque «infravalora lo vertical frente a lo horizontal». Hacía alusión a las terapias sistémicas, que tienden a colocar a todas las generaciones a la misma altura, poniendo a los padres junto a los hijos mientras que los terapeutas adoptan el papel superior de padres. Dolto lo consideraba una catástrofe y en este punto no podría estar más de acuerdo con ella.

Françoise Dolto fue una de mis pocos modelos. Tuve el honor de que escribiera el prólogo de mi primer libro. Fue la primera analista que dijo que la psicosis tenía que evolucionar durante tres generaciones. Y la manera en que se obstinó en ser la portavoz de los niños, aunque nadie la entendía, es ejemplar. No era una persona que perdiera el tiempo discutiendo una teoría, pero tampoco tenía miedo de hablar. Cuando le pregunté cómo había podido soportar la violenta y pasional historia del psicoanálisis que acabó con su exclusión de la Asociación Internacional del Psicoanálisis, con Lacan, me respondió que el hecho de tener una «estructura de débil» la había protegido. Y, mientras me explicaba esto muy seria, aprovechó para darme un curso sobre la debilidad. Ahí tiene, en mi opinión, lo que quiere decir «analizarse». No es convertirse en alguien distinto de quien eres, sino adquirir una lucidez sobre uno mismo que nos permitirá hacer con ella cualquier cosa.

Parece que, hoy en día, la causa transgenealógica está más comprendida. Cada semana aparece un libro nuevo sobre el tema, se abre una nueva etapa, se anuncia una nueva escuela... Se ha convertido en una moda; ¡igual que en los sesenta-setenta se tenía que ser lacaniano, hoy es casi obligatorio ser transgenealógico!

D.D.: Cuando se publicó *L'Ange et le Fantôme*, en 1985, este movimiento todavía estaba en el limbo. Francia es un país excesivamente psicoanalizado y esto llevaba implícitos a los antepasados.

En la actualidad, hemos superado las resistencias y mis libros se venden. ¡Y no sólo los míos! Por mencionar el más famoso de todos, *Aïe mes aïeux!* de Anne Ancelin Schützenberger, creo que ya ha superado los doscientos mil ejemplares. Para mí, Anne Ancelin forma parte de ese grupo de mujeres, junto a Françoise Dolto, Élisabeth Kübler-Ross o Simone Veil, que han modificado nuestra concepción del hombre y del mundo en el siglo XX. Su talento particular es haber sabido mantenerse totalmente libre de espíritu y haber podido, así, desarrollar una poderosa visión histórica de las cosas. No fue por azar que Anne Ancelin hiciera uno de los primeros descubrimientos transgeneracionales al acordarse de la fecha exacta de una batalla de la Primera Guerra mundial, donde el abuelo de una de sus pacientes murió gaseado. La propia Anne Ancelin fue una activa militante de la resistencia contra los nazis durante la Segunda Guerra mundial.

Ahora bien, si Anne Ancelin Schützenberger investiga, en su trabajo clínico, el fantasma que definió Nicolás Abraham, no conseguirá explicar mejor que su creador cómo se transmite. Si yo pienso que lo he conseguido es porque los niños autistas me lo han enseñado. Los niños autistas, o simplemente locos, como el pequeño Pierre, que suelo nombrar en mis libros, me han hecho aprender de manera magistral que el complejo de Edipo es un proceso transgeneracional y no individual. Para cuidar a un niño con problemas mentales, estás obligado a entrevistarte con sus padres, su familia, con todos con los que vive. Y así ves mucho mejor cómo la información se transmite de una generación a otra. Hasta este punto, faltaba una teoría que explicara este trabajo de transmisión. Y la clínica transgeneracional nos la ofrece. Nos permite entender que la transmisión del espíritu implica la intersección de dos líneas; y que en la base de la construcción edipiana se halla, obligatoriamente, cómo el niño duplica el Edipo de sus padres...

Y que explica, según usted, cómo el fantasma se transmite de generación en generación.

D.D.: Sí. Se transmite a partir de una actividad mental inconsciente de naturaleza empática o telepática, que es la que funciona en la psique del feto y del niño pequeño y que denominamos actividad mental originaria. La psique individual no se forma hasta los tres años. Hasta entonces, el bebé vive en una psique comunitaria, que es la de su familia. Esa actividad mental facilita una estructuración psíquica llamada proceso originario. El proceso originario es una dinámica mental que permite ser, a la vez, uno mismo y el otro. Esta dinámica es la que funciona durante la identificación, que permite al niño duplicar las estructuras mentales de sus padres. Un niño no aprende a hablar, duplica el lenguaje de sus padres y, al hacerlo, reproduce sus estructuras mentales. El proceso originario también es el proceso a través del cual integramos psíquicamente a los demás. Y eso implica un funcionamiento continuo, sin fin, en el cual la psique se construye como el cuerpo: empujando permanentemente material hacia el exterior de uno.

En la base, el espíritu es familiar y comunitario. Por eso, un psicólogo difícilmente podrá trabajar con un niño sin los padres y debe sabe que es peligroso, como demostró Françoise Dolto, entrevistar a un niño menor de siete años sin la presencia de los dos padres.

Pero, ¿por qué dice que han sido los niños autistas los que le han permitido entender cómo se transmiten de generación en generación los fantasmas?

D.D.: Cuando uno consigue entrar en su lenguaje, se da cuenta que los niños sicóticos sólo trabajan una cosa: el pasado genealógico de su familia, del que estudian incansablemente el inconsciente. Lo que nosotros llamamos síntomas sicóticos no son más que el regreso de los procesos mentales que, en el origen, son los del bebé. Si el psicoanálisis se hubiera construido a partir de la clínica de los niños, en vez de la de los adultos, lo habría entendido mucho antes. Actualmente, todavía está dominada por la obra de Lacan que, como hemos demostrado con Willy Barral en *Françoise Dolto, c'est la parole qui fait vivre*, sólo considera la psique del niño a partir de la etapa del espejo, es decir, a partir de los dieciocho meses. Lacan nunca se ha decantado por la psique originaria. La mujer que lo hizo antes que yo, Piera Aulagnier, era alumna suya pero, precisamente por eso, tuvo que dejarlo y fundar otra escuela. En pocas palabras, Lacan nunca se ha interesado, igual que Freud, en ese mal universal que las culturas tradicionales llaman la enfermedad de los antepasados y que, para mí, es ineludible en el trabajo con niños locos.

Por ejemplo, gracias a Alice, que me lo demostró a través de su cuerpo doliente, pude entender en qué se convierte un niño cuando es producto de una forclusión[5] de la feminidad que se remonta a tres generaciones. A los catorce años, Alice, que vivía sus menstruaciones como una herida, se abandonó, en público, a *strip-teases* desencadenados en los que se mezclaban las mucosidades, la sangre y el dolor de un sexo rechazado como el del diablo.

Después tenemos a Jean-Michel, uno de los casos más agotadores de esa época. Tenía diecinueve años y no decía absolutamente nada. Desde que nació, se había negado radicalmente a mirar a su madre a los ojos. Tardé dos años en comprender que su rechazo a hablar se explicaba por el suicidio, al volver de la Primera Guerra mundial, de sus dos bisabuelos maternos. Los habían llamado a filas a la vez. A su regreso, vieron que, durante la guerra, sus mujeres se habían organizado tan bien que no había sitio para ningún hombre en sus casas.

También está Claude, que me hizo descubrir algo para lo que no tuve las llaves hasta más tarde, mientras trabajaba con las experiencias durante un coma profundo y con el chamanismo. Claude era una chica que salía de su cuerpo cuando quería. Me lo hizo entender cuando murió su padre, que vivía lejos, y que su madre nos había ocultado, a los dos, que estaba en una situación

---

5. [N. de la T.] *Forclusión:* Término propuesto por Jacques Lacan para dar cuenta del proceso psíquico específico de exclusión de la psicosis. (Gran Enciclopedia Larousse)

terminal. Y eso sin contar al pequeño Pierre, a quien declararon sicótico mientras sus síntomas provenían del hecho que sus padres ignoraran la relación entre hacer el amor y tener hijos.

¿Podría precisar la relación exacta que ve entre esa ignorancia y la patología del hijo?

D.D:: La construcción mental del niño no depende del coito que le ha dado forma, sino de cómo sus padres lo han concebido mentalmente. ¿Cómo? Pues soñando con él, hablando de él y concediendo, en el lenguaje y en el orden familiar, un lugar que va a determinar su vida y su destino. ¿No ha visto nunca la angustia de un niño mientras escucha a sus padres explicar una anécdota anterior a su nacimiento? «¿Y yo dónde estaba?», pregunta el niño. Si sus padres le responden: «Tú no estabas», el niño palidece y se deprime. Pero si le dicen: «Todavía no habías nacido, pero ya estabas en nuestros corazones», enseguida sonríe. Para un niño, saber que ya existía en el deseo de sus padres es muy importante. Cuando lo descubre, para él es una especie de revelación porque le demuestra que su existencia mental es anterior a la física, es decir, que uno puede existir en el deseo de sus padres sin tener que, por ello, tener un cuerpo físico y hacerlo en un mundo que continua existiendo para los padres cuando el físico duerme.

Tenemos tendencia a creer que el útero materno es, no sólo la matriz de nuestro cuerpo, sino también la de nuestras estructuras mentales. Desde un punto de vista psicoanalítico, eso es totalmente falso: lo que determina nuestra salud o nuestros problemas psíquicos, así como nuestro destino y, por lo tanto, nuestra vida interior es la actitud psíquica con la que nuestros padres nos hicieron. La matriz de nuestro cuerpo sí que es el útero materno, pero la matriz de nuestras estructuras psíquicas es el conjunto de las actividades mentales, conscientes e inconscientes, pronunciadas y no pronunciadas, las palabras y también los fantasmas que han hecho que dos células pudieran encontrarse y formar un embrión. Y esto tanto vale para la construcción edipiana del niño como para todo lo relacionado con la vida y con la muerte: como un niño puede representarse un tiempo en el que existía potencialmente, antes de su nacimiento, en el deseo de sus padres y el lenguaje (y simbólicamente, añadiría, en los testículos de su padre), por el mismo motivo podrá creer que también puede seguir existiendo después de la muerte, en el lenguaje. Siempre podemos hablar con un familiar muerto. Hay que entender esto para comprender en qué tipo de laguna se equivocaba el pequeño Pierre cuyos padres ignoraban el papel de los testículos en la reproducción. Cuando un niño tiene un padre que ignora su lugar en la reproducción de esta manera, esto permite encarnarse en su cuerpo físico pero nunca en el mental. Ahora bien, este tipo de fallos que marcan la concepción de un hijo son muy corrientes en las clínicas de los niños sicóticos.

Esta maldición que da preponderancia al impensado genealógico aparece en sus libros sobre la Biblia. Hablemos de esos fantasmas que tan ocupado lo han tenido estos últimos años.

D.D.: Ha habido tres cosas que me han empujado a intentar adivinar el sentido original de los mitos bíblicos: en primer lugar, la lectura que Dolto hizo de los Evangelios; en segundo lugar, el descubrimiento del martirio de mis antepasados cristianos, en el museo del Desierto en las Cevenas, de lo que ya le he hablado; y en tercer lugar, la lectura de un libro sobre el síndrome de Auschwitz, firmado por un número de deportado, Ka. Tzetnik 135633 que se llama *Les Visions d'un rescapé*. Para intentar escapar de las pesadillas que todavía continuaban torturándolo, treinta años después de su liberación del campo de concentración, el autor, Yechiel De-Nur, aceptó someterse a una terapia bajo los efectos del LSD en Holanda. Este hombre tenía los mismos síntomas que yo había visto en el segundo marido de mi madre, que también era un superviviente de los campos nazis. Me pasé toda la infancia escuchando a mi padrastro explicar los horrores que habían vivido. El libro de Yechiel De-Nur me tocaba de cerca. Se curó revisando la concepción del mundo que se había forjado, de niño, a partir de la lectura del Génesis. Y como el LSD le daba una visión distinta a la que los rabinos le habían inculcado, era lógico que me sumergiera en esa mitología. Lo primero que descubrí fue que todo el psicoanálisis contemporáneo no sólo estaba ya inscrito en la mitología del Génesis, sino que el Libro de los libros es, sobre todo, una obra de teoría transgeneracional que no tiene nada que envidiar a las más recientes investigaciones sobre este tema. En ella, Dios se define como la instancia responsable del hecho que los fallos de los padres se transmitan a las siguientes tres o cuatro generaciones. Y esto es exactamente lo que nos encontramos en las clínicas; para cuidar a un niño sicótico, hay que remontarse tres generaciones, en algunos casos incluso cuatro, como en el caso de Jean-Michel, un chico autista de diecinueve años, donde el origen de sus problemas se encontraban en la cuarta generación de sus antepasados.

El hecho de que la transmisión de la vida sea orquestada por un ciclo de tres generaciones es una dimensión antropológica universal. Este ciclo, por ejemplo, estaba implícito en la pregunta que la Esfinge le formuló a Edipo: «¿Cuál es el animal que por la mañana tiene cuatro patas, al mediodía tiene dos y por la noche tiene tres?». Edipo respondió: «el hombre». La respuesta no es ningún misterio porque su historia no es sólo una historia de pies, sino una historia de pies inscrita en su genealogía paterna. Edipo significa pie hinchado, su padre se llamaba el «patoso» y su abuelo, el «cojo». Este ciclo aparece en todas las culturas, porque es el de la identificación: para poder construirse, al principio el niño debe poder identificarse con lo que se desplace a cuatro patas, es decir, consigo mismo, con su yo y con su nombre, alrededor de los cuales construye sus estructuras mentales. Más tarde, para integrar la sexualidad, debe identificarse con los que van a dos patas, con sus padres; y para entender la muerte, debe hacerlo con los que van a tres patas, es decir, sus abuelos.

La Biblia es un libro que fundamenta el patriarcado y en el que el papel de los patriarcas es transmitir, sin debilitarlo, el Aliento divino que le confiaron a Adán. Y la palabra es como ese Aliento; la falta y el pecado se presentan, en este caso, como un rechazo a hablar, una ausencia de palabra que se transmite de un modo parecido al del fantasma, y cuyo ejemplo principal es la historia de la descendencia de Caín. Este enfoque convierte el Génesis en una historia totalmente distinta a la que nos explicaron los sacerdotes. Adán tuvo dos hijos, Caín y Abel. Sin embargo, como no los concibió del mismo modo que Dios le concibió a él, es decir, en el nombre y la palabra, el hijo mayor, Caín, pervierte la transmisión del Aliento divino. Caín se muestra no sólo incapaz de poder hablar con su hermano, sino que sustituye la palabra por un acto en el cual deja que su cuerpo se imponga por encima de su espíritu: lo mata. Así pues, no es Eva, como han repetido hasta la saciedad los religiosos, sino Caín el que encarna la figura del enfermo mental e histérico responsable del pecado original. Caín, igual que las mujeres histéricas, está atormentado por sus identificaciones maternas. Ante la falta de un padre, lo busca en Dios. Pero ante el hecho de que éste acepte la ofrenda de Abel y no la suya, mata a su hermano. Y esto no sólo deja entender que Dios no puede, en ningún caso, reemplazar al padre, sino que convierte a Caín en el padre de los integristas. ¿Y qué futuro depara la Biblia a los integristas? Enfrentado a la locura de Caín, Dios no lo condena a muerte. No puede hacerlo: las almas de los seres que ha creado son inmortales. Por lo tanto, lo condena a vivir eternamente… bajo la forma de un fantasma. Y por eso el texto continua con la descendencia de Caín en la que el fantasma del fraticida vuelve a aparecer en la séptima generación, con el regreso del nombre del antepasado asesino. Su descendiente, Lamek, tiene un hijo. Sin embargo, al llamarlo Tubal-Caín empieza a delirar porque cree que él ha cometió el crimen de su antepasado. Y así es, explica el texto, como la falta de Caín (su incapacidad para poder hablar con su hermano) se transmite, y se amplifica con el paso de las generaciones, para crear una humanidad constituida por individuos que han desarrollado el cuerpo en detrimento del espíritu. Y eso es lo que Dios intentará remediar con el diluvio.

Abel encarna el estereotipo del descendiente sacrificado. Es el esquizofrénico que no fue concebido en un proyecto y unas palabras. En hebreo, Abel significa dos cosas: nada y vaho. Por lo tanto, en el lenguaje Abel significa la nada, el vacío. A este respecto, el texto dice: «Eva concibió la Nada (Abel)». Así pues, Caín mató a su hermano bajo la influencia de sus identificaciones maternas. Eva concibió un hijo de una forma de automatismo animal jamás pensada. Hizo la Nada. Caín no hizo más que prolongar o acabar lo que su madre había empezado: ¡eliminó la Nada! Adán, cuando entendió el error que había cometido con sus dos primeros hijos, lo reparó. Concibió a Seth, su tercer hijo, igual que Dios lo concibió a él, en el nombre y la palabra. Por lo tanto, le tocó a Seth cargar con la responsabilidad de transmitir el Aliento divino. Y no lo tuvo nada fácil porque, aunque Adán entendió las razones del drama, Eva no lo hizo. Ella concibió a Seth en sustitución de su hijo muerto, Abel. De este modo, el fantasma del fraticida engendrado por Caín se transmite, a través de las mujeres, a la descendencia de Seth, hasta Abraham y sus hijos. Los patriarcas encarnarán así una línea de descendencia modelo. Erradicarán el fantasma de Caín resolviendo, en cada generación, una rivalidad fraternal. Y después de haber garantizado la buena transmisión del aliento divino, les bastará con tres o cuatro generaciones para engendrar un genio, José, que, después de haber dado a Egipto sus estructuras sociopolíticas y de haber perdonado a sus hermanos por haberlo vendido como esclavo a los beduinos, fundará las doce tribus de Israel...

Todo lo que el psicoanálisis descubrió miles de años después, ya estaba escrito en ese texto. Y eso cambia completamente la manera en que la Iglesia nos lo presentó. Así, me quedé boquiabierto al descubrir que, en el sacrificio de Isaac, donde la voz divina le pide al fundador del monoteísmo que sacrifique a su hijo por él, no es, como siempre ha defendido la iglesia, la fe de Abraham la que se pone a prueba. En el texto, Abraham es el «amante» del Creador; no hay ninguna duda de su fe, es un «loco» de Dios. Y queda demostrado en el acto de sumisión en toda ley. Lo que Dios puso a prueba era su capacidad de ser un padre conforme con el modelo bíblico. Y lo hizo obligándolo a enfrentarse a la madre narcisista y posesiva en que se había convertido Sara. Ella había encerrado a su hijo mayor, Ismael, con Agar, su madre, en el desierto donde habrían muerto si un milagro divino no los hubiera salvado, y Abraham no podía ser el padre de los patriarcas si dejaba que su mujer decidiera de esa manera la suerte de sus hijos. La prueba que le impuso Dios pretendía enseñarle a no comportarse como una madre, que se niega a admitir que su hijo está, como todo ser vivo, destinado a morir y que, en última instancia, pertenece a Dios y no a sus padres.

Remitamos a nuestros lectores a La Bible et ses fantômes, *donde analiza de manera sorprendente los once primeros capítulos del Génesis, cerrando provisionalmente la investigación en la torre de Babel y en los hijos de Noé con una teoría muy original de la constitución de las clases sociales. Ahora, en el marco de esta entrevista, nos encantaría poder establecer una relación entre la dimensión transgeneracional del espíritu y otro eje muy importante en su investigación: el chamanismo.*

D.D.: La concepción chamánica del mundo constituye una base antropológica universal de donde nacieron todas las religiones. En la Biblia, esta herencia aparece, por ejemplo, en el río de cuatro brazos en el jardín del Edén, que simboliza los Cuatro Orientes del chamanismo. O en la serpiente que inicia a Eva en la sexualidad y que tiene todas las características de los Animales de Poder. Pero también aparece en la numerología que marca el texto. Las religiones del Libro han renegado, más o menos radicalmente, de esta dimensión de sus orígenes. El chamanismo tiene la ventaja de haberla conservado. En él, podemos encontrar, por ejemplo, un saber sobre la muerte, el fantasma y la enfermedad de los antepasados que, aunque fue puntal en la mitología de los descendientes de Adán y Eva, poco a poco se fue perdiendo. Para los chamanes, los muertos que no pudieron, por distintas razones, llegar a las puertas de la Gran Luz, se quedan prisioneros de sus angustias o ilusiones terrestres. Algunos porque se fueron cuando todavía tenían asuntos que arreglar, otros porque ni siquiera se dieron cuenta de que estaban muertos o porque ellos o sus seres queridos nunca pudieron aceptar la idea mientras vivían. Cuando alguien muere sin que un trabajo de duelo le haga llegar a las puertas de la Gran Luz, entonces se crea, entre el muerto y los vivos, esta entidad relacional denominada fantasma, que les permite, a los dos, seguir viviendo juntos, aunque ilusoriamente. Sin embargo, al transmitirse de generación en generación, esta entidad relacional se va convirtiendo en patógena, porque no está al servicio de los proyectos de los vivos, sino de los que el muerto no ha podido realizar. Llegados a este punto, el trabajo de un chamán es del mismo orden que el del psicoanálisis transgeneracional. Nunca nos preocupamos por los muertos excepto cuando los vivos los retienen encerrados inconscientemente en sus estructuras emocionales, y no lo hacemos si no nos lo piden. La diferencia es que los psicoanalistas consideran que los fantasmas son objetos del inconsciente, mientras que los chamanes creen que son almas que, como la de Caín, no pudieron llegar a la Gran Luz y que siguen viviendo en una psique terrestre y común, la de todo el planeta.

¿Su trabajo de acupuntura le ha abierto los ojos ante estas cuestiones?

D.D.: Aprendí acupuntura, pero lo que realmente me fascinó fue el pensamiento taoísta. Allí descubrí una alquimia sexual increíble: un saber sobre la sexualidad que no tiene ningún equivalente en las otras culturas. Así pues, el principal lugar de aprendizaje para mí fue el taoísmo. Pero nunca he practicado la acupuntura porque, en la China antigua, los acupuntores no tenían en cuenta al fantasma; lo hacían los Maestros de los pies descalzos: los sacerdotes o los chamanes. En los rituales de exorcismo, los Maestros de los pies descalzos no se van solos, adentrándose en el astral como hacen los chamanes. Reciben a toda la familia y, sirviéndose de la capacidades innatas como médium de los adolescentes vírgenes, invitan a los antepasados «mal muertos» a acudir ante sus descendientes y explicarse a través de su boca. Y eso les permite saber qué hacer para dejarles seguir su camino. Tienen la misma concepción que los chamanes.

La muerte no es un paso instantáneo de un estado a otro, sino un proceso que requiere mucho tiempo. No todos los órganos mueren a la vez; si así fuera, sería imposible sacarlos para trasplantes. Y en el plano espiritual sucede lo mismo. Los chamanes no lo consideran una unidad única e indivisible, sino un conjunto de varios envoltorios, o cuerpos sutiles, que no están todos destinados a acompañar al alma hasta la Gran Luz. Después de separarse del cuerpo físico, el difunto todavía tiene que deshacerse del primer envoltorio, llamado el cuerpo etérico, que los chamanes consideran como la parte de nuestra constitución psíquica que compartimos con los animales y que dicen que debemos devolvérsela, al morir, para darles las gracias por habernos alimentado durante nuestra vida.

¿Podría recordarnos cuáles son, según esa visión de la vida, los diferentes cuerpos sutiles?

D.D.: Estos cuerpos corresponden a los diferentes planos de organización de la vida. Algunas tradiciones nombran doce, pero en el chamanismo se trabaja sobre los cuatro primeros, porque son los que determinan nuestra conciencia. A excepción del primero, el cuerpo físico, los otros tres no tienen ninguna consistencia material. Por lo tanto, no se pueden comprender a través de la percepción ordinaria. Un cuerpo es un conjunto de elementos de la misma naturaleza, delimitado por una frontera. Los cuatro cuerpos corresponden a los cuatro lados de la conciencia, es decir, los cuatro primeros niveles de la vida de los que depende la conciencia.

El primero, el cuerpo físico, está formado por moléculas. Podríamos llamarlo el cuerpo molecular. Es el único cuyas fronteras son visibles y también es el único que, actualmente, está reconocido por la ciencia. El segundo está formado por esa energía llamada aliento en la Biblia y Qi en la medicina china, y es lo que diferencia un cuerpo vivo de un paquete de carne cruda. En el siglo XIX lo bautizaron como cuerpo etérico porque, en aquella época, sonaba a nombre científico; por aquel entonces, creían que el vacío estaba lleno de éter. En la actualidad, la percepción del vacío es distinta: lo vemos como constituido por una multitud de partículas virtuales. En mi opinión, se tendría que llamar el cuerpo de vacío, porque las cosas se mueven, se animan y viven porque hay vacío en la materia. La acupuntura, que actúa sobre este cuerpo, lo entendió perfectamente: el ideograma que los chinos utilizan para designar un punto de acupuntura significa vacío, caverna, gruta. El cuerpo molecular y el cuerpo de vacío son envoltorios puramente terrestres. Son de los que la muerte debe desprenderse para poder llegar a la Gran Luz. Después viene el tercero, tradicionalmente llamado cuerpo astral porque es un envoltorio mental que permite, con la única ayuda del pensamiento, proyectarse hasta el otro extremo del universo o entre los astros. Está formado por todo lo que tiene que ver con la representación: imágenes visuales, acústicas, táctiles… un conjunto de todo lo que hemos memorizado a lo largo de nuestra existencia para representarnos el mundo. Es el *tselem* de la mística judía: el vestido del alma, la memoria de la vida terrestre en la que se envuelve el muerto al partir. También recibe el nombre de cuerpo emocional, porque es la base de los afectos y las emociones que animan nuestras relaciones con los demás y con el universo. Es un cuerpo bastante parecido a la imagen inconsciente del cuerpo de Françoise Dolto, que es la memoria espacio-temporal de nuestros afectos y nuestras emociones. Por lo tanto, un psicoanalista estaría tentado de llamarlo cuerpo de representación porque es a bordo de este cuerpo donde nos embarcamos hacia el mundo de los sueños o la Otra Realidad, en la que los chamanes evolucionan.

El cuerpo de vacío se percibe y se expresa a través de esas vibraciones particulares que son las sensaciones. Es con el que conectamos cuando tomamos el sol. Está relacionado con lo que yo llamo la paz de sensaciones, nuestro envoltorio energético y sensitivo, igual que con todos los órganos sensoriales. En cambio, el cuerpo de representación corresponde a lo que conocemos como sistema de representación, es decir, la memoria con la que el cerebro interpreta y clasifica lo que los órganos sensoriales perciben.

Sin embargo, a nivel espiritual, la representación no es lo más misterioso. ¡Lo más sorprendente es que podamos darle sentido a las cosas y al mundo! Que nuestra vida y el universo puedan tener un sentido. La representación, por sí misma, puede ser absurda o delirante. Igual que con la locura. Y de ahí el cuarto cuerpo, el que organiza el sentido. El cuarto cuerpo, el cuerpo de sentido, corresponde a lo que los psicoanalistas llaman la construcción del individuo o del Yo. Hay quien lo llama cuerpo mental, reconociendo que no se trata propiamente de un cuerpo, sino más bien de una estructura. En la obra de Rudolf Steiner, es lo que aparece como Yo y Él (el Yo convirtiéndose en Él cuando se refiere a un estado de salida del cuerpo). Para él, esta sería una instancia que la vida tendría como objetivo antes de construirse. El hecho de ser capaz de desplazarse solo, después de la muerte, y de no tener que esperar, acurrucado en una esquina del espíritu, que con o sin la ayuda de un chamán los ángeles vengan a buscarte, depende, para él, de la calidad de dicha construcción que es el cuarto cuerpo. Pero si hay quien ve una estructura antes que un cuerpo, es porque se trata de un nivel donde el espíritu es colectivo. Es la estructura que hace de nosotros seres comunitarios, el cuerpo que organiza nuestras relaciones con los demás, permitiéndonos ahondar en ella y evolucionar.

Estos cuerpos se reúnen en los tres tesoros de la medicina china: *Jing*, las esencias que constituyen el cuerpo físico; *Qi*, el aliento que es la textura del cuerpo etérico. Y *Shen*, el universo del espíritu y de los espíritus, que corresponde a los cuerpos astral y mental. La antroposofía, el taoísmo y el chamanismo también tienen concepciones de la vida bastante similares. Como también lo es la manera de abordar el fantasma. Si se trata de una muerte reciente, al principio hay que ayudar a la persona que hace la consulta a asumir un trabajo de separación. ¡Si no es ella la que decide hacerlo, no vamos a conseguir nada! Si se trata de un antepasado más lejano, podemos guiar a esta persona para indicarle el camino. Si no puede hacerlo sola, podemos hacerlo por ella. Pero el objetivo siempre es el mismo: permitir que el antepasado, inmovilizado en las estructuras terrestres del espíritu, encuentre su camino hacia la Gran Luz. Se parece un poco a un psicoanálisis post mortem del antepasado. A su manera, los chamanes hacen lo que los budistas tibetanos cuando, de forma preventiva, acompañan el viaje del alma cuarenta y nueve días a partir del momento en que abandona el cuerpo terrestre.

Habla como alguien que cree firmemente en la existencia de una vida más allá de la que normalmente conocemos...

D.D.: No me baso en creencias, particularmente. Creer es adoptar las ideas de otro o de un grupo. Mis trabajos están basados en la experiencia humana. ¿A partir de qué experiencia pensamos esto o lo otro? ¿Esa experiencia es nuestra o de otros? La vida es una experiencia. Si la asumimos, es que creemos en ella. Y aunque la creencia en la vida puede parecer increíble, aparece en primer lugar en la niñez. Los niños no creen en la muerte del espíritu. Los niños sicóticos que tienen un acceso natural a la Otra Realidad son muy radicales en este punto. El hecho de que no lleguen a adaptarse a nuestra realidad suele ser compensado por todo tipo de dones sobrenaturales. Y si no creen en la muerte es porque la mayoría tienen, como los chamanes, la capacidad de entrar en contacto con los muertos. A este respecto, hay que leer lo que ellos dicen en *Un clavier pour tout dire*,[1] el último libro de Anne-Marguerite Vexiau: que somos «mentirosos por decir que los muertos no existen»; que hay que, por el contrario,

---

1. Ed. Desclée de Brouwer.

«avivar a los muertos» (pensar en ellos); y que si los «avivamos», los muertos pueden ayudar mucho a los niños autistas».

Por lo tanto, no voy a perder el tiempo en polémicas sobre la existencia o no del más allá. Mis investigaciones versan sobre la realidad de nuestras experiencias mentales, y cómo se nos presenta la muerte es una de ellas. No tenemos la necesidad de demostrar científicamente la existencia de un fantasma para entender qué quiere decir. Sucede lo mismo cuando uno estudia cómo se presenta la muerte en el espíritu humano.

De hecho, las representaciones de la muerte siempre aparecen sobre dos caras antinómicas. Por una parte, tenemos que alimentarnos y respirar continuamente. Bajo esta perspectiva, nos pasamos la vida luchando contra la muerte y esto es, al mismo tiempo, lo que nos da más miedo. Pero, por otra, como Freud lo constató en *Más allá del principio del placer*, todo el mundo, en su inconsciente, se cree inmortal. Sin embargo, la medicina materialista, al considerar únicamente la muerte bajo el aspecto de cadáver, sólo consigue ampliar el miedo que despierta en nosotros. Y eso implica un gran desgaste de energía. Y, aunque las investigaciones sobre la muerte, la angustia y el fantasma empiezan a dar sus frutos, quiero constatar una cosa: en primer lugar, que en nuestra rica y lujosa sociedad estamos completamente desprovistos de palabras y pensamientos para explicar cómo vivimos la muerte, la nuestra y la de los demás; y, en segundo lugar, que todavía sabemos muy poco sobre el psiquismo humano.

Y en las sesiones de chamanismo que organiza con Ivana Caprioli, ¿es eso lo que trabajan?

D.D.: Sí, aunque sólo cuando es necesario. En los fines de semana y las jornadas que organizo con ella, sobre todo pretendo que mis amigos y algunos clientes se beneficien del trabajo de Ivana. Yo no me considero un chamán. Ser psicoanalista ya me parece suficiente. Ella, igual que yo, pasó por mucho antes de dedicarse al chamanismo. Fue toxicómana, una adicción de la que se curó totalmente con un *medicine-man* lakota, Archie Fire Lame Deer, que ya falleció. El chamanismo que Ivana enseña apareció en Estados Unidos en la década de los setenta. Se diferencia del chamanismo tradicional en que éste se practica en grupo y en que se utilizan los conocimientos de los chamanes para el desarrollo personal. Estos conocimientos son comunes a los *medicine-men* (los curanderos indígenas de América del Norte), los curanderos (los hombres-sacerdote –en el sentido del que se encarga de las almas– de América del Sur) y los chamanes del norte de Europa, de África y Asia. Por lo tanto, se podría decir que existen tantos tipos de chamanismos como etnias, chamanes o individuos. Sin embargo, la estructura cosmológica a la que se refieren todos (los Cuatro Orientes y los Tres Mundos, unidos por el Árbol de la vida) es la misma. Es una vía que se diferencia de las demás opciones espirituales por la dimensión tan concreta de su objetivo, básicamente orientado hacia la búsqueda de información que permita mejorar nuestra vida. Esto implica, en primer lugar, un trabajo intenso en uno mismo a través del cual cada uno debe encontrar sus propias herramientas y adoptar su camino. En este aspecto, el chamanismo es una espiritualidad desprovista de dogmas cuya única presuposición es la imposibilidad de llegar a las profundidades del espíritu si no es hablando de uno mismo. Por esto, lo aconsejo a aquellas personas que se estén sometiendo o se hayan sometido a psicoanálisis. El chamanismo completa o prolonga el trabajo, pero es mucho más apropiado que el psicoanálisis para los que sufren problemas sicóticos.

El psicoanálisis y el chamanismo exploran el mismo registro mental: la psique originaria. El psicoanálisis accede a ella a través del análisis de los sueños, y el chamanismo la explora a través del trance o el viaje astral. Sin embargo, el chamanismo dispone de un saber más antiguo que el psicoanálisis como, por ejemplo, todo lo relativo a la parte colectiva y cultural que constituye al individuo o la clínica de los antepasados mal muertos, algo que el psicoanálisis siempre ha tendido a obviar.

El trabajo de Ivana Caprioli se centra en la construcción y la evolución del hombre en relación al universo (lo que fue, lo que es, lo que tendrá que ser). Las jornadas que organizamos juntos se basan en una serie de ejercicios construidos a partir de varios conocimientos tradicionales. Concretamente, los de los Lakotas con quienes aprendió Ivana, los que se desprenden de los mitos bíblicos en la creación del hombre y los de los taoístas que, con la acupuntura y el sistema alquímico de los vasos maravillosos, ofrecen una sorprendente teoría de la energética corporal. Por ejemplo, exploramos por qué estamos formados por los cuatro elementos: Agua, Fuego, Tierra y Aire. O por qué debemos nuestra horizontalidad a los animales y nuestra verticalidad a los árboles. Nos preocupamos más de la vida que de la muerte pero, si alguien lo necesita, Ivana sabe cómo ayudarlo a contactar con el muerto o el antepasado que le está causando problemas, como nos sucedió con una de las participantes en una jornada cuyo hermano se había suicidado.

La muerte no modifica demasiado el espíritu. Y esto explica que los que se suicidan a menudo se queden prisioneros de lo que les ha llevado a quitarse la vida. Era el caso de este hombre que, una vez muerto, se había quedado encerrado en la oscuridad y rechazaba cualquier contacto con la luz. Con la ayuda de Ivana, su hermana consiguió convencerlo para que saliera de la cueva donde estaba metido y se dirigiera a la Gran Luz. Esto, por supuesto, no demuestra la existencia de un más allá ni asegura la vida después de la muerte, pero lo que fue muy espectacular fue lo bien que esa mujer se encontró después, ¡salió totalmente transformada!

Si queremos situar en nuestras categorías religiosas judeocristianas la manera que tienen los chamanes y los taoístas de ocuparse de los antepasados muertos, podríamos decir que ese hombre se había quedado encerrado en el infierno. Las tradiciones esotéricas cristianas representan el infierno como la facultad o la obligación de seguir satisfaciendo las necesidades de un cuerpo que ya no existe. Y esto quiere decir que el misterio que constituyen las imágenes mentales, incluso las más cotidianas, se perpetúa en el más allá. Durante la vida, este misterio es el de los fantasmas sexuales, la locura, la alucinación, pero también el del traumatismo que se inscribe como un obstáculo en una de las capas más profundas de la memoria: la de las imágenes.

Así caracterizaba Freud la neurosis traumática: por el hecho que la persona traumatizada sólo puede producir, en sueños, imágenes del traumatismo. Las imágenes corresponden, en nuestro engranaje mental, a nuestra capacidad de crear el futuro a partir de experiencias ya memorizadas. El traumatismo mental es, en este sentido, un bloqueo de la memoria, una avería mental concerniente a la producción o la movilidad de las imágenes mentales. Ahora bien, morir, en una sociedad donde la muerte sólo se ve desde el ángulo del materialismo y donde, por lo tanto, se convierte en algo indecible, es obligatoriamente un acto traumático. Así que, muchos de nuestros antepasados estarían «pegados» a las últimas imágenes de su vida terrestre, y esto requiere el redescubrimiento o la actualización del acompañamiento a los muertos.

Donde encontramos todas las grandes tradiciones de la «oración por los muertos», y básicamente las palabras del Libro tibetano de los muertos, *que Sogyal Rinpoché ha conseguido, de forma increíble, interpretar en términos occidentales en* El libro tibetano de la vida y la muerte. *¡El retorno (o la llegada) de una práctica así en la cultura occidental constituiría una abertura revolucionaria en el gran reestreno del teatro de la muerte! ¿Existe alguna posibilidad de que esta etapa se integre con rigor a nuestras prácticas postmodernas?*

D.D.: Quizás, pero siempre con la condición que no excluyamos a los niños. Sobre la cuestión de la muerte y la relación con los antepasados, si queremos superar ideologías, ignorancias, prohibiciones y prácticas, tenemos que, como bien explica Élisabeth Kübler-Ross, considerar a los niños como nuestros maestros, sobre todo cuando padecen problemas mentales contrarrestados por los dones que nosotros no entendemos o por enfermedades incurables que hacen que estos niños tengan los días contados. Kübler-Ross también dice que los niños que saben que tienen una enfermedad incurable han recibido un regalo: un desarrollo mental muy superior a la media y una sabiduría espiritual ante la muerte de la que la mayoría de los que intentan trabajar en este terreno están muy lejos. Ginette Raimbault (una psicoanalista que trabajó en el ámbito hospitalario con esta clase de niños), en uno de sus libros explica la historia de uno de ellos: ante el inminente final de su vida, el niño deja el hospital para poder morir en casa y, cuando se sube al taxi con su madre, él es la única persona de todos los adultos presentes que es capaz de decir: «¡Deja el numerito ya, mamá! ¡Te prometo que no voy a morirme en el taxi! ¡Tenemos todo el tiempo del mundo!».

5

Su familia vive en su interior... ¡pero usted puede escogerla!

ENTREVISTA CON CHANTAL RIALLAND

Cuando toda nuestra familia ha desaparecido, no es exagerado decir que se perpetúa en nosotros: bajo forma de cualidades, pero también de patologías que únicamente una lúcida remontada en nuestro árbol genealógico tiene posibilidades de curar. Chantal Rialland, autora del best-seller *Cette famille qui vit en nous* y presidenta de la Asociación de psicoterapeutas en psicogenealogía, forma parte de la segunda generación de psicoterapeutas que utilizan las herramientas transgenealógicas. Para ella, éstas no son en absoluto exclusivas; todo lo contrario, son totalmente compatibles con otras maneras, particularmente psicocorporales, de conocerse y evolucionar hacia la realización personal y el bienestar.

La mayoría de nosotros hemos nacido de, como mínimo, un acto de amor entre un hombre y una mujer. ¿Sospechaban ellos, al quererse, los problemas que estaban a punto de legarnos? Primer objetivo de la genealogía: ayudarnos a tomar conciencia de las influencias que nuestra familia ejerce sobre nuestra vida, desde el interior de nosotros mismos; dicho de otra manera: cuanto mejor entendamos nuestras raíces, mejor podremos librarnos de ellas. Según Chantal Rialland, se trata de un método de investigación extremadamente rápido. «En doce horas –dice–, podemos saber el origen de grandes problemas. Aunque saber es una cosa e integrar y curar es otra.»

Su enfoque presenta otra originalidad: Chantal Rialland alterna las sesiones individuales de psicogenealogía con el trabajo en grupo. Si las primeras sirven para explorar y entender nuestra genealogía, un trabajo en grupo paralelo es fundamental porque permite escenificar los problemas familiares y, por lo tanto, solucionarlos. De este modo, escenificaremos la muerte de la abuela de quien no nos hemos podido despedir o del bisabuelo que murió en la guerra. Desde esta perspectiva, al analizar y escenificar nuestra biografía transgenealógica, el círculo infernal de las repeticiones se rompe. Es lo que Chantal Rialland denomina la reconstrucción familiar: generalmente, se realiza a través de varios medios (psicodrama, gestalt, análisis transaccional, etc.). De este modo, la terapeuta anima a sus pacientes a experimentar, con otros terapeutas, un trabajo corporal: «Es el lugar del inconsciente –dice–. Un masaje apropiado, por ejemplo, puede ayudar a liberar energías bloqueadas».

Podríamos decir que usted era una psicoterapeuta clásica. ¿Cómo ha llegado a interesarse por la psicogenealogía?

Chantal Rialland: Todo empezó con una entrevista que mantuve con Alejandro Jodorowsky. Hacía un año que ejercía de psicoterapeuta cuando, siguiendo los consejos de un amigo, acudí a su consulta para una sesión de lo que él llamaba el Tarot en cuatro etapas, o dicho de otra manera, un tarot del árbol genealógico. Inmediatamente, sus preguntas me llevaron a hablar de personas de las que nunca lo había hecho en mi propio trabajo analítico, como por ejemplo mis abuelos y mis bisabuelos, ¡esos maestros silenciosos de mi destino que nunca conocí! Sabía que la familia nos constituye, pero hasta entonces sólo había intentado entender el lazo que me unía a mis padres. Ahora bien, ¿cómo podía imaginar entender mi relación con mi madre sin evocar su relación con su abuelo, mi bisabuelo, que murió cuando ella tenía diecinueve años? Este reencuentro con mi clan también pasó por el descubrimiento del papel de mi padre en el seno de la genealogía y de su propia historia con sus padres. Mi abuela murió cuando yo tenía diez años, así que no me acuerdo demasiado de ella.

En resumen, todos somos fruto de un árbol genealógico y esta concienciación revolucionó mi práctica profesional: el sufrimiento, que es una herencia que se transmite de generación en generación, adquiere un sentido completamente distinto con la psicogenealogía. Poner esto en práctica fue un verdadero desafío porque mis pacientes, por muy dispuestos que estuvieran a hablar de ellos, no lo estaban tanto a hablar de sus antepasados. Sin embargo, yo estaba dispuesta a integrar la psicogenealogía en la psicoterapia analítica clásica. Y con esta disposición recibí durante tres años formación por parte de Alejandro Jodorowsky.

Entonces, la psicogenealogía venía a unirse como una herramienta suplementaria en su trabajo de psicoterapeuta, ¿no es así?

C.R.: Como psicoterapeuta analítica, quería entender al ser humano para aliviar su sufrimiento. Y para ayudar a alguien que está sufriendo, me pareció que era muy importante conocer a su familia. Al principio, a mis pacientes les parecía inútil hablarme de su familia. Hay que decir que, en aquella época, la psicogenealogía estaba en sus inicios. A veces, resultaba difícil hacerlos hablar de sus tíos, tías, abuelos porque, aparentemente, creían que no tenían nada que ver. Y, sin embargo, era indispensable.

¿Podría precisar qué novedad le aportaba esta herramienta?

C.R.: Me permitía avanzar más deprisa con los pacientes. Les daba una nueva visión de su propia vida. El individuo vuelve a visitar su pasado, cambia su punto de vista sobre él y su familia, lleva el duelo por lo imposible y da un nuevo impulso a su vida. Esta psicoterapia permite explorar el inconsciente familiar.

Freud fue el primero que exploró metódicamente este misterioso continente que es el inconsciente: esa parte de ser y deseos desconocidos que cada uno de nosotros tenemos, que no podemos dominar del todo y del que somos responsables. Para Carl Gustav Jung, el inconsciente no es sólo una parte sombría, sino una prodigiosa reserva de energía creadora. Después vino Jacques Lacan, que propuso un nuevo marco para el psicoanálisis cuando puso acento en la pregunta «¿Cómo se estructura el inconsciente?». Si seguimos y estructuramos la aventura interior, es que nuestro inconsciente nos maneja al antojo de nuestros antepasados. En la actualidad, todo el mundo es consciente de la gran influencia que la familia ejerce en nuestro destino. Hace poco, en una entrevista en la televisión, Aimé Jaquet, el que fuera entrenador de la selección francesa de fútbol, reconoció la gran influencia que su abuelo había ejercido en su vida. La psicogenealogía es una terapia para entender este papel fundamental de los antepasados y cuidar de los síntomas neuróticos que pueden desprenderse de ella.

Desde hace unos años, estamos asistiendo a una verdadera explosión de la genealogía. En cada familia, siempre hay alguien que quiere hacer un árbol genealógico. ¿Qué opinión le merece este fenómeno?

C.R.: Vivimos en una sociedad en plena mutación. La familia ha tenido buenos y malos momentos: refugio para unos, infierno para otros. Hemos pasado del «familia te odio» al «familia te quiero». Además, el modelo clásico de familia también ha cambiado. Recompuesta, monoparental, homosexual; los códigos y los ritos ya no son los mismos. Esto ha aumentado el deseo de conocer su historia, su filiación, sus raíces. En una sociedad en movimiento, en la que perdemos los puntos de referencia, queremos vincularnos a nuestras raíces, queremos encontrar nuestro lugar en la genealogía. En pocas palabras, buscamos nuestra identidad. Este interés también ha aparecido en la psicoterapia. Antes conocíamos las terapias para niños, para adolescentes, para la pareja… En la actualidad, examinamos las angustias transgeneracionales.

¿Es una reacción a un sufrimiento en particular?

C.R.: Para empezar, es la respuesta a una evolución de la sociedad. En un mundo donde hay movimientos de identificación, tenemos la necesidad de saber quiénes somos. Y nuestro pasado forma parte de nosotros.

Para evitar cualquier confusión entre la psicogenealogía, la terapia transgeneracional y la genealogía, que apasiona a cientos de miles de personas en Francia, ¿nos podría explicar la diferencia?

C.R.: Los apasionados de la genealogía persiguen el sueño de remontar su árbol genealógico hasta Adán o de reunir a los descendientes de un mismo antepasado. El antiguo sueño del tí de América o, dicho de otra manera, la esperanza poco razonable de descubrir que tenemos un antepasado olvidado que no tuvo descendencia y que hizo fortuna, puede por sí solo suscitar el estudio de las generaciones que nos han precedido. Para obtener las informaciones más completas posibles, y entablar un diálogo con parientes lejanos, el proceso es largo: copias de las partidas de nacimiento, de defunción, etc. Pero trazar de nuevo la historia de la familia en genealogía es fácil: sólo hay que buscar nombres, profesiones, regiones, fechas, etc. La psicogenealogía utiliza estas bases de investigación genealógica de manera muy distinta. Es una auténtica encuesta para descubrir los hechos que marcaron la vida de nuestros antepasados, hechos que podrían tener una resonancia en nuestros propios problemas recurrentes. Es poco habitual remontarse ocho generaciones, algo que en genealogía es de lo más normal. Además, por extraño que parezca, los hermanos y hermanas de una misma familia, que tienen estrictamente la misma genealogía, no comparten en absoluto la psicogenealogía. El impacto de ésta, por ejemplo, es completamente distinto si eres chico o chica, o si eres el mayor, el mediano o el pequeño.

¿Cómo funcionan, en psicogenealogía, los mecanismos de protección?

C.R.: Es una palabra clave. Los niños de una misma familia no son objeto de las mismas proyecciones por parte de sus padres. Tuve la oportunidad de trabajar con una familia que tenía cinco hijas. Entre la mayor, que pudo disfrutar de su padre hasta los diecinueve años, y la pequeña, que lo perdió a los cinco, la psicogenealogía era completamente distinta. Sin embargo, aunque cada uno tenga una historia particular, todos tenemos un punto en común: desde el anuncio de nuestra concepción, nuestros padres, inconscientemente, nos encargan la función de dar sentido a sus vidas. En otras palabras, el niño recibe los fantasmas de sus padres, pero también los de sus abuelos, tíos y tías. La familia proyectará en nosotros deseos corporales, sexuales, afectivos, intelectuales, etc. Obviamente, esta proyección es totalmente inconsciente: de repente, el niño tiene que ser el encargado de recuperar los sueños perdidos, se le pide que triunfe donde otros han fracasado o que perpetúe los modelos estrella de la familia.

¿Hasta qué punto nos influyen verdaderamente estas proyecciones?

C.R.: Entre el deseo de artista frustrado del padre o el de brillante director general de la madre, a veces el margen de maniobras es muy estrecho. Muchos adultos descubren más tarde, durante una terapia, el grado de fidelidad que han mantenido con las proyecciones de sus padres. Tanto si fuimos un hijo deseado o no, todos somos un hijo imaginario. A partir de ahí, las posibilidades son infinitas. En algunas familias, se da más importancia al intelecto y, por eso, el abuelo y el padre fueron maestros y sueñan que el hijo siga sus pasos. En otras familia, la filiación es artística. Hay otro modelo que es muy común: considerar el dinero como elemento de éxito social. Otras veces, las proyecciones son más sencillas: ser guapa como la madre o dulce como la abuela. Sin embargo, en cualquier caso, estas proyecciones pesan mucho. Después llega el nacimiento, acompañado de proyecciones mucho más reales. Cuando nace el niño, todos dan su opinión y aportan su punto de vista con frases del tipo: «Fíjate, tiene los ojos del padre y las orejas del abuelo». Y luego le ponen un nombre, otra proyección familiar.

¡Entonces, a priori, todos tendríamos un cuerpo en cierto modo psicogenealógico!

C.R.: Exacto. La familia se reconoce a través del cuerpo del hijo y se atribuye pequeñas partes del bebé. La red familiar se refuerza alrededor del cuerpo del pequeño. Sólo falta que ese cuerpo psicogenealógico interactúe de manera más o menos positiva con nuestra evolución. Es decir, que en definitiva no queremos forzosamente parecernos a nuestra tía que, por un lado resulta ser poco simpática y por otro es la imagen de la santidad, ¡y la vida monacal no es lo que nosotros soñamos! En realidad, las proyecciones actúan de distintas maneras y el terreno del cuerpo psicogenealógico es muy interesante. Frases como: «No te engordes como tu abuela», que sin embargo son anodinas y habituales, pueden generar síntomas muy claros. Porque, para conformarse con los deseos de sus padres, el hijo se identificará con todas sus proyecciones, arriesgándose a crear un desequilibrio entre su cuerpo y su mente.

El sexo tiene un papel evidentemente considerable en la huella de este cuerpo psicogenealógico. Para la mayor parte de nuestros padres, tener un hijo o una hija está lejos de ser algo neutro, ¡todo lo contrario! Nacer chica si tus padres esperaban un chico suele tener graves consecuencias. Y lo mismo para un chico.

¿Cómo actúan las proyecciones? ¿Son, obligatoriamente, traumatizantes?

C.R.: La mayor parte del tiempo, actúan a través de las palabras. Por ejemplo, las etiquetas y los atributos con los que los padres no dejan de llamar a sus hijos, como «pulguita» o «ratoncito». Estas palabras, que seguramente acompañaron la infancia de los padres, influirán en la vida afectiva, intelectual, sexual y corporal de sus hijos. Ya de adultos, algunos se comportan siempre fieles a estas etiquetas y se apresuran a repetírselas a sus propios hijos. Hacer desistir a los padres de la tentación de ejercer una autoridad total y ayudarlos a apartar esas motivaciones inconscientes de convertir a su hijo en el instrumento de su felicidad también forma parte de la postura de la psicogenealogía.

Hemos constatado que los juegos de proyección son más complejos a medida que van pasando las generaciones. La hija mayor es la inteligente, la pequeña es la guapa, etc. Los padres no se dan cuenta, pero hay algo muy doloroso en las comparaciones que se hacen entre hermanos y hermanas. Y los efectos perversos son mucho más importantes de lo que pueda parecer. Cuarenta años después, la «intelectual» siempre se creerá fea mientras que la «guapa» no dirá nada porque se sentirá estúpida. El niño se identifica con esas proyecciones, preocupado por respetar la naturaleza particular del lazo que lo une a sus progenitores. El resultado es una falta de confianza en sí mismo, una falta de confianza en la vida y un problema de espacio. Cuando te comparan, es que no tienes tu espacio.

¿Es un problema de repetición? ¿Los padres se comportan con sus hijos igual que sus padres lo hicieron con ellos?

C.R.: Cada padre revive de manera inconsciente algo de su propia historia en función del sexo del hijo y del lugar que ocupe en la descendencia. Y este juego de preferencias coincide con los que él o ella sufrieron con las preferencias de su propia infancia. La repetición se produce de manera inconsciente: el hijo es el que permite hacer renacer su narcisismo arcaico, es decir, la relación que el padre o la madre tenían con ellos mismos y con el mundo durante los primeros años de su vida.

¿Significa esto que, inconscientemente, los padres educan a sus hijos para que se les parezcan?

C.R.: El pensamiento humano se construye sobre lo idéntico y todas las tentativas de mimetismo son estructurantes. Cuando somos pequeños, copiamos todo lo que nos rodea. Así, el hijo de un vendedor jugará a hacer inventario y devolverá el cambio con sus padres. En la cocina, con mamá, aprende a hacer mermelada o a fregar el suelo. Evidentemente, cuando el niño crece y toma sus propias decisiones, unos padres lúcidos llorarán a su hijo imaginario y dejarán que el de verdad tome un camino de acuerdo a sus aspiraciones. En realidad, en la mayoría de casos, los padres ignoran la totalidad de sus propias identificaciones y los modelos que han transmitido. Me acuerdo de una paciente que tomaba la píldora anticonceptiva y que, a la vez, rechazaba cualquier relación sexual por miedo a quedar embarazada. La psicogenealogía me permitió descubrir que, desde hacía cinco generaciones, las hijas mayores de esta familia se quedaban embarazadas sin estar casadas. Todas se habían casado para escapar de la vergüenza y esos matrimonios resultaron desastrosos. El inconsciente familiar hacía que ella se identificara con esa angustia.

¿Los niños identifican a sus abuelos todos del mismo modo?

C.R.: No, las identificaciones en el seno de una familia son muy distintas. Recuerdo el caso de Hélène, abuela de Élodie y de Isabelle. Sus dos nietas la veían de maneras totalmente opuestas. Para la primera, su abuela era ejemplar, cómplice y condescendiente. Para la segunda, la misma abuela era dura e indiferente. Élodie era hija del hijo de Hélène, mientras que Isabelle era hija de su hija. La psicogenealogía puso de manifiesto que, en la historia de esta abuela, los hijos varones siempre salían beneficiados. Revisitar el pasado familiar permite cambiar el punto de vista sobre el mismo, guardar duelo por lo imposible y que cada uno se apropie de su vida.

Hablando de abuelos, la evolución de la sociedad les ha dado un papel distinto, menos influyente pero mejor integrado en la familia. ¿Qué incidencia ha tenido esto?

C.R.: Es cierto que los abuelos ya no son los viudos y viudas de antes, siempre solos y de negro. La familia ya no se basa en el deber, sino en el amor. El antiguo modelo, incluyendo a las abuelas que lo sabían todo e imponían su punto de vista, se ha extinguido. Los ancianos de hoy en día, como están mejor integrados en la sociedad, mantienen un espíritu más joven. Su papel, perfectamente especificado, es bien distinto al de los padres. Liberados de las contingencias familiares cotidianas, están más disponibles. También pueden multiplicar las mil y una atenciones que dedican a sus nietos, como la complicidad, la seguridad, el saber escuchar, la paciencia… En pocas palabras, les pueden consentir todo lo del mundo y más. A menudo, la casa de los abuelos es, para los niños, un refugio que aprecian y conocen a la perfección. Las figuras en que se han convertido los abuelos dan confianza a los niños sobre su lugar en la familia, ya sea clásica o reestructurada; por lo tanto, son fuentes de identificación.

La gran revolución de finales del siglo XX en el árbol psicogenealógico proviene de lo que podríamos denominar el cambio de tótems; es decir, las figuras lejanas y algo austeras que eran los abuelos se han convertido en una especie de refugio maravilloso e indestructible.

Y en caso de que los abuelos estén muertos, ¿su figura es igual de importante para sus nietos?

C.R.: Por supuesto, y esta es una de las constataciones fundadoras del enfoque psicogenealógico. De todos modos, nuestros padres nos han criado en función de su propia relación con sus padres. Es un elemento fundamental. Por lo tanto, poco importa que hayamos conocido a nuestros abuelos o no; ellos igualmente influyen en nuestra vida a través de la que ejercieron en la de nuestros padres.

Volvamos al tema de la identificación. ¿Un niño tiene obligatoriamente la necesidad de identificarse con alguien?

C.R.: Identificarse es la manera más natural de constituirse como persona. A diferencia del niño pequeño, que enseguida se da cuenta de la diferencia sexual, la niña pequeña se ve inmediatamente como una reproducción en miniatura de su madre. La psicogenealogía ofrece algunas pistas sobre las identificaciones que se transmiten de generación en generación. Esto quiere decir que todas las chicas van a forjarse la idea de ser mujeres a través de sus madres que, a su vez, lo aprendieron de las suyas, etc. Y lo mismo para los chicos, con los padres, claro.

Entonces, ¿la psicogenealogía pone en evidencia cómo los lados masculino y femenino que todos llevamos dentro se forjan en base a un ideal que nos transmiten?

C.R.: En efecto, nuestro árbol genealógico define tanto nuestro lado masculino como el femenino. Ante la pregunta: «¿Qué es para usted ser una mujer o ser un hombre?», todos respondemos pensando en los distintos hombres y mujeres de nuestra familia. La feminidad y la virilidad están en el corazón de nuestra historia familiar. Estructuramos nuestra personalidad identificándonos con esas figuras familiares. Y eso origina muchas contradicciones y confusiones. Por ejemplo, en algunos árboles genealógicos, la madre ha tenido que ocupar el lugar del padre, o viceversa. En otros casos, los padres son socios en alguna actividad profesional, por ejemplo. Todo esto puede confundir a los hijos. La calidad de nuestras relaciones amorosas también depende de esas figuras familiares. El árbol genealógico puede transmitirnos el odio de los hombres o de las mujeres, o puede obligarnos a querer al padre en detrimento de la madre, o viceversa.

¿Solemos identificarnos, prioritariamente, con nuestros padres?

C.R.: En algunos casos, los mecanismos inconscientes de identificación pueden perfectamente darse con profesores, médicos de cabecera o sacerdotes. Estas identificaciones también van cargadas de información que puede traspasarse a las siguientes generaciones. Aunque pueda parecer sorprendente, las principales figuras que son objeto de identificación no tienen por qué mantener lazos genéticos. A veces, el padrino o la madrina adoptan este papel. Los niños adoptados, por ejemplo, tienen una psicogenealogía genética de más, la de la familia adoptiva, con la que también se identificarán.

¿Podríamos detenernos un segundo en el fenómeno de la repetición de generación en generación?

C.R.: Repetir es actuar en función de la historia familiar de cada uno. El fenómeno de la repetición consiste en repetir los mismos argumentos, seguir los mismos valores y calcar las fechas de aniversario. Pero no es un fenómeno sistemático. Hay quien, por ejemplo, puede comportarse de modo completamente opuesto. Lo llamamos los «contra argumentos». Pase lo que pase, las repeticiones nos acompañarán, inconscientemente, a lo largo de nuestra vida. Sin embargo, adquieren varias formas, desde las más anodinas a las más increíbles, y en todos los terrenos, incluso en los más insospechados como, por ejemplo, la cocina, en los gustos a la hora de cocinar; pero también en el estilo de vestir y en la relación con el dinero. Obviamente, hay muchas repeticiones en la elección de un trabajo, en la manera de trabajar, etc. Todos funcionamos con una combinación de ambición propia y el inconsciente familiar.

Evidentemente, y sin quererle robar toda la magia al amor, hay que saber que el terreno afectivo tampoco está exento de la influencia de nuestros antepasados. El amor no es una lotería y detrás del misterio de las relaciones y todas las cuestiones que provocan las elecciones amorosas suelen esconderse unas preciosas repeticiones familiares. Los dos tortolitos que se preguntan: «¿Por qué nos queremos?», a veces pueden comprobar que, sin saberlo ellos, la poderosa fuerza de las repeticiones los ha unido. Una no se casa a la misma edad que su abuela por casualidad. Una atracción por un compañero de otra cultura, por ejemplo, también tiene su explicación en las repeticiones genealógicas.

Otro fenómeno de repetición muy frecuente es la maternidad. Algunas mujeres se quedan embarazadas a la misma edad que sus madres, mientras que otras sufren abortos naturales que recuerdan otros pasados. Como fruto de nuestra historia, las grandes etapas afectivas padecen la ley de la descendencia.

Y con la salud pasa algo parecido. Podemos sufrir enfermedades que retomen afecciones de parientes más o menos lejanos. Como puede comprobar, puede que toda la vida esté influida por las repeticiones.

¿Cómo explica que los padres no se den cuenta que educan a sus hijos como los educaron a ellos?

C.R.: Por un lado, la repetición no siempre es flagrante; por el otro, no van a educarlos obligatoriamente de forma idéntica. Es más complicado. La repetición se basa en la imagen inconsciente del hombre o la mujer que la ha transmitido. La abuela odia a las niñas; ¡la madre sólo tendrá niños! El fenómeno de repetición influye en el aspecto afectivo, y para identificar y entender estas repeticiones hay que saber qué pasó realmente en la infancia de nuestros padres, es decir, qué intentan reproducir.

Por otro lado, hay que disculpar a los padres. ¡Les acusamos de todos los males! Hemos comprobado que, casi siempre, intentan dar lo que ellos nunca pudieron tener, y así de paso cerrar sus heridas. Ahora bien, los hijos no son los terapeutas de sus padres, algo que, sin embargo, está en vías de desarrollo en la actualidad. De ahí la necesidad de salir de la repetición, un fenómeno que asfixia y somete.

¿Se puede utilizar la psicogenealogía como herramienta para acabar con las acusaciones que vertemos hacia nuestros padres y antepasados, a los que a menudo culpabilizamos de nuestros problemas?

C.R.: La psicogenealogía es, en parte, el arte de utilizar a la familia sólo para lo bueno. Para ensalzarla, bastaría con reconocer que ellos nos han dado la vida. Una vez superada la pequeña crisis en contra de la familia (algo que provoca que nos demos cuenta de lo que nos falta), es importante evolucionar y cambiar el punto de vista. El espíritu de vida se puede resucitar, con la condición de que todos sus miembros sean conscientes de los valores positivos que ésta aporta. Uno debe comprometerse realmente a buscar todo lo positivo en su familia; no hay que rechazarlo todo en bloque. En el fondo, lo que se busca es, sencillamente, realizarse libremente y dentro de la verdad de la línea de descendencia. Para eso, es necesario llegar a un retorno afectivo porque sólo eso puede poner en funcionamiento la alquimia.

Pero, ¿cómo se puede entender, lúcidamente, la inextricable madeja de lazos psicológicos que se han tejido entre los miembros de nuestra familia?

C.R.: Entender o tomar conciencia es una primera etapa que, en mi opinión, es insuficiente. El objetivo de la psicogenealogía, en tanto que psicoterapia, es producir un cambio afectivo consistente en recuperar el amor a uno mismo, es decir, volver a quererse tal como se es. La gran originalidad de la psicogenealogía es que permite ver a los familiares ya no como dioses, a veces adorables a veces odiosos, y desgraciadamente nunca a la altura de nuestros vecinos, sino más bien como seres humanos, con sus debilidades, sus nanías y sus sufrimientos. Bien o mal, generalmente todos hicieron lo que pudieron. Para escapar de un discurso demasiado repetido y volver a izar la bandera del amor familiar a través de las generaciones, yo preconizo el perdón: una versión original de la terapia que propone la psicogenealogía.

A veces, es imposible perdonar sinceramente.

C.R.: Repito, tenemos que ver a nuestros padres como seres humanos y no como padres. Además, el perdón no es en absoluto lo que creemos. Es necesario afrontar el odio, el resentimiento y la frustración que nos atormentan, sentimientos de los que no siempre somos conscientes. Después, tenemos que entender que nuestros padres hicieron lo que pudieron. No vamos a sufrir toda la vida por haber sufrido. No podemos cambiar el pasado, pero sí que podemos cambiar las secuelas que el pasado ha dejado en nosotros. Ése es todo el trabajo de la psicogenealogía: renacer.

¿Qué entiende usted por renacer?

C.R.: Convertirme en mis propios padres, en mi padre, en mi madre y volver a traerme al mundo. Este paso es imprescindible para poder perdonar. Cuidado, no se trata de negar el sufrimiento ni de negar que los padres fueron más o menos hábiles, incluso cuando fueron incapaces de amar. El objetivo es darse cuenta de que todo eso es nuestra historia y que se tiene que hacer algo con ella. En otras palabras, hay que asumirla. Y para hacerlo hay que cambiar de estado de espíritu.

¿Cómo se renace, con la psicogenealogía?

C.R.: Frente a un psicólogo, uno va a desenredar todos los hilos del argumento familiar, entender todo lo que ha estado en juego en el pasado, ver qué niños han sido su madre, su padre,...; explorar sus relaciones con la familia, con los hermanos y hermanas. En ningún caso se va a convertir en un observador de la vida relacional de sus padres, pero se compromete a descubrir las zonas que están en la sombra, lo que no se ha dicho. Y, de descubrimiento en descubrimiento, terminará por entender la disposición original de las cosas. Entender es acceder a un tesoro, en este caso el de la familia.

¿Cree que todo el mundo debería recurrir a la psicogenealogía?

C.R.: A todo el mundo le interesa, aunque sólo sea para ser conscientes de lo que les han transmitido a sus hijos. La psicogenealogía va mucho más allá de una simple terapia. Se trata de tomar conciencia del inconsciente familiar y para eso hay que aprender a hacerse las preguntas importantes sobre los orígenes de nuestros comportamientos. En la psicogenealogía, el que consulta y se pregunta qué ha hecho con la herencia de sus padres, sus abuelos y otros antepasados es el niño que se ha hecho mayor. ¿Qué ha hecho Françoise Dolto con su propia herencia de una familia particularmente difícil con una madre que hubiera preferido que muriera ella en lugar de su hermana? ¡Françoise hubiera podido sufrir toda la vida! Es obvio que le ha dado un sentido a su psicogenealogía y que ha preferido el camino de la reparación y curación.

¿A partir de qué momento puede uno decir que está curado?

C.R.: Curarse es volver a estar en paz con uno mismo. Es decir, mientras estamos vivos, estamos en mutación, en transformación, en movimiento. Y, a lo mejor, también eso es la curación, aceptar que no somos fijos ni inmutables. Algunos pacientes me dicen: «Cuando esto mejore, ya no sufriré más». No tiene nada que ver con otras cosas. Me vienen ganas de decirles: cuando tú mejores, el sufrimiento ya no será una forma de vida, aunque seguirá habiendo momentos difíciles, de tensión, interrogantes y dudas. La vida no es un río tranquilo pero, de todos modos, sigue siendo una invitación a la felicidad.

¿Y la reparación?

C.R.: A veces, cuando alguien ha sufrido, adopta la posición de víctima y se pasa la vida sufriendo y haciendo sufrir a los demás. O, en caso contrario, da un paso adelante y pone todos los sufrimientos de su pasado al servicio de los demás. Así, por ejemplo, cuando un niño que ha sufrido en su infancia crece, intenta ser el padre o la madre perfectos. El problema llega cuando esa persona se queda encallada en la etapa de reparación dando mucho a los demás y olvidándose de él mismo. Es un pequeño error que cometen muchos terapeutas, entre los que me incluyo. También tenemos que pensar en nosotros mismos y no cargar con el sufrimiento de todo el mundo sobre nuestras espaldas. Es importante, más allá de la reparación, darse permiso para vivir.

Según usted, ¿por dónde habría que empezar a deshacer la madeja familiar?

C.R.: Se puede empezar, por ejemplo, por esclarecer el deseo paterno de habernos traído al mundo, que no siempre es sencillo. Entre todas las llaves imprescindibles para abrir las puertas de la historia, los nombres también tienen un papel muy importante. Uno no se llama Antonin, como el escritor Antonin Artaud, por casualidad, ni Jonás o María, como la abuela. Un día conocí a una Blandine… y se llamaba así por la maestra de su padre. Sin caer en el melodrama y el romanticismo que supone volver a nuestros orígenes, a veces es necesario investigar un poco.

Y cuando no es posible informarse, ¿qué se puede hacer?

C.R.: Cuando hay lagunas o vacíos, nunca es por casualidad. Significa que hubo algún conflicto entre la madre y sus padres o el padre y sus padres. También puede ser un secreto de familia. Podemos buscarlos en las repeticiones de las pautas de comportamiento.

Un secreto de familia, ¿acaba siempre por resurgir?

C.R.: No hay nada más tóxico que un secreto de familia, y las repeticiones son muy claras. A partir del momento en que se disimula un acontecimiento o una actitud, va a repetirse infalible-

113

mente. Para poder hablar de un secreto de familia, tiene que existir la vergüenza, y la vergüenza engendra toxicidad. Un secreto de familia es un auténtico veneno. El inconsciente lo ha guardado y volverá a salir a la luz.

Entonces, ¿tomar conciencia del problema basta para eliminar la repetición de los esquemas familiares?

C.R.: Con eso no basta; hay que realizar un trabajo afectivo. Pongamos un ejemplo: tengo mala suerte con los hombres. Siempre acabo con el mismo tipo de hombre que me hace sufrir. Tomaré conciencia de este problema cuando responda a las siguientes preguntas: ¿Qué imágenes del hombre y la mujer se han vehiculado a través de mi familia? ¿Cuáles son las deudas que, por fidelidad, reproduciré? ¿Tengo mala suerte porque, en mi historial familiar, parece prohibido ser feliz con un hombre?

¿Y a qué se refiere con lo de trabajo afectivo?

C.R.: Es un largo recorrido… No se hace en un abrir y cerrar de ojos. Hay que tomar conciencia, actualizar los resentimientos y las vergüenzas, aprender a quererse, poner una distancia con los padres diciéndose que han hecho lo que han podido, decirse que uno no va a sufrir toda la vida, ocuparse de uno mismo, etc. ¡Todo esto necesita tiempo! Es todo un proceso.

Obviamente, liberarse anima mucho pero, ¿cómo se puede distinguir entre lo bueno que aporta la familia y lo nocivo que puede desprender?

C.R.: Yo creo que el ser humano tiene como objetivo, en esta vida, darle sentido a las cosas. La curación llega cuando nuestra historia encuentra un sentido. La familia nos dio la vida, las alegrías y las penas. Cuanto más sentido le demos a nuestra historia, menos intoxicación transmitiremos a nuestros hijos.

Disculpe que le haga esta pregunta a estas alturas pero, científicamente, ¿se puede decir cómo algo del pasado puede afectar a alguien que ha nacido varias generaciones más tarde?

C.R.: No lo sé, es un misterio. Existe un inconsciente familiar que une a personas que, genéticamente, no están relacionadas y que, sin embargo, forman parte de la genealogía. Ahora me acuerdo de un paciente que mimaba hasta extremos inimaginables al primer amor de su madre, que no era su padre. También tuve una paciente que tenía dos padres simbólicos: el primer amor de su madre, que genéticamente no era su padre, y su padre biológico. Estos casos son los clásicos de la repetición. Nos encontramos muchos casos similares a lo largo de nuestra vida profesional. Si usted tiene una familia donde todos tienen una profesión liberal, lógicamente usted tendrá cierta tendencia hacia esas profesiones. Si en su familia hay un fracaso muy traumático, es muy posible que cuando usted llegue a la edad que su padre tenía cuando aquello sucedió se replantee su vida profesional. ¡Inconscientemente, esa historia lo domina todo! Cómo vemos a los hombres, las mujeres, cómo concebimos la feminidad, la sexualidad, cómo viajamos, las ideas políticas, religiosas... Todo está en función de la familia y de su historia. Y todo se transmite. Qué importancia le damos al dinero. La seducción, el placer...

Por ejemplo, ¿es posible que un problema de alcoholismo sea típico de una patología transgeneracional?

C.R.: En algunas familias, puede existir cierta angustia relacionada con este tema. El abuelo era alcohólico, los tíos y las tías también, ¿será hereditario? Mi enfoque de este tema me lleva a pensar que los alcohólicos son hipersensibles y que tienen serias dificultades para explicar sus sufrimientos. Por eso, el alcohol los hace más agresivos, porque es un desinhibidor del inconsciente. A menudo, los alcohólicos se angustian por sus responsabilidades, tienen miedo de no estar a la altura. No metabolizan el azúcar del alcohol. Pero yo creo que, en estos casos, estaríamos hablando más de una reproducción de algún no-dicho o de la no reproducción de la emotividad que de algo que se haya podido transmitir genéticamente. Algunos científicos afirman que hay más jóvenes que se drogan en las familias con algún caso de alcoholismo pero, repito, esto no tiene ningún carácter científico. No son más que observaciones.

En su último libro, explica la adopción de un niño desde el punto de vista psicogenealógico. ¿Podría hablarnos un poco sobre esto?

C.R.: Efectivamente, hay algunos árboles genealógicos donde aparecen indicaciones que demuestran que alguien estará más abierto a las adopciones que otros. Como ya le he dicho, los niños adoptados tienen, al menos, dos psicogenealogías: la de la familia biológica, a la que a veces llega a conocer, y la de la familia adoptiva. Hay que saber que la adopción puede ser muy difícil. Hay que entender que todos los niños adoptados han sufrido. Un niño no está en condiciones de decir que su «verdadera» familia lo ha abandonado porque, económicamente, no podía hacerse cargo de él. Un niño adoptado cree que lo abandonaron porque era prescindible y que no valía la pena. Todos estos niños han sufrido y, durante sus primeros años de vida, lucharán con todas sus fuerzas porque alguien los quiera y los adopte. Sin embargo, en cualquier caso, hay un sufrimiento que debería trabajarse sistemáticamente. Todo niño adoptado debería someterse a una psicoterapia, de pequeño, precisamente para entender que no era prescindible y que su familia de origen no pudo criarlo en condiciones. A menudo, cuando experimentan el primer amor, reviven el abandono de su familia de origen, sobre todo el de la madre. Todos los problemas que se habían ocultado y que se podrían haber tratado antes saldrán a la luz.

¿Se puede repetir el proceso de adopción?

C.R.: Cuando crecen, los niños adoptados suelen adoptar. Si su propia adopción no ha sido traumática, obviamente. Sin embargo, el sufrimiento está ahí y todos tienen derecho a conocer sus raíces. Sería muy importante modificar la ley de manera que, pasado un plazo, un hijo pueda encontrar a su madre biológica cuando crezca.

¿Es una verdadera necesidad para los niños adoptados encontrar a su familia biológica?

C.R.: Sólo si quieren; y, como siempre, depende del caso. Un niño adoptado no quiere, sistemáticamente, encontrar a su familia biológica. Y no por eso deja de estar en paz consigo mismo. Puede avergonzarse terriblemente de la familia que lo abandonó y a la que no quiere volver a ver. Algunos niños consideran que su verdadera familia es la adoptiva. Y en eso tienen razón. Es la que les ha dado amor y los ha educado. Tienen un padre que ejerce como tal, y eso es lo que cuenta. En otra época, en las familia ricas, la niñera ejercía más como madre que la verdadera madre. Se ocupaba del niño y, a fin de cuentas, lo importante es el amor que se da.

Acabaremos por su método. Según usted, ¿la genealogía se basa más en las terapias individuales o las terapias en grupo?

C.R.: ¡En las dos! El efecto de sinergia de un grupo consigue sacar mejor a la luz todo lo que uno disimula y que se opone al mito familiar; es decir, a la imagen idealizada que uno tiene de su propia familia.

La terapia individual se puede completar con un trabajo en grupo que nos permite introducir nuestro inconsciente familiar. Para familiarizarse con él, este trabajo en el espacio físico es fundamental. Los recuerdos desagradables o las conductas repetitivas se expresan a través del cuerpo. Y una cosa es cierta: los individuos que trabajan juntos comparten experiencias similares. En ese caso, el inconsciente no surge milagrosamente, sino a favor de una emoción acompañada de unos gestos y una verbalización. Es al darse cuenta, por ejemplo, que tal respuesta emocional le remite a tal episodio familiar cuando el paciente entra lentamente en contacto con sus fantasmas ocultos. Si lo prefiere, podríamos hablar de la terapia individual en grupo. Uno se sirve del grupo como de un pozo de riqueza, pero los ejercicios son específicos para cada uno. En grupo, la toma de conciencia se produce mucho más deprisa. Por otro lado, hace de espejo. Uno ve su mejoría, cosa que no siempre sucede cuando trabajamos solos. Además, somos seres sociables y, por lo tanto, es importante que la terapia pueda hacerse en grupo.

Una última pregunta: ¿ve alguna evolución en la psicogenealogía?

C.R.: Al principio, la psicogenealogía era una terapia para los que sufrían y querían sentirse mejor con ellos mismos. Sin embargo, ahora todo el mundo está interesado en ella, incluso los que nunca acudirán a una consulta. Es una llave para explicar nuestra personalidad y nuestros comportamientos. La psicogenealogía se ha convertido en el conocimiento de uno mismo.

6

Liberarse de los secretos de familia: requisito previo para cualquier psicoterapia.

ENTREVISTA CON SERGE TISSERON

Serge Tisseron, psicoanalista y autor especialmente reconocido por sus obras sobre Hergé y sus orígenes, descubrió la importancia del secreto de familia en la propia historia, ya que la muerte de uno de sus abuelos estuvo rodeada de un gran misterio muy dañino. La irrupción del secreto de familia iba en contra de todo lo que le habían enseñado los teóricos del psicoanálisis freudiano, para quienes el secreto de familia no existía, algo que, sin duda, tenía alguna relación con el hecho de que la familia del propio Freud ocultaba numerosos secretos nocivos. Pero, atención: no todos los secretos son nocivos.

Apoyándose en la teoría del fantasma de Nicolás Abraham y María Torok, que fueron los primeros en explorar el campo clínico del secreto de familia mortífero, el que engendra sufrimiento para toda la línea sucesoria, Serge Tisseron renueva, con gran vivacidad, nuestra comprensión del psicoanálisis.

Hay más familias de las que nos pensamos que ocultan secretos; secretos que pesan tanto en la vida psíquica de sus miembros que estos enferman, se convierten en delincuentes o toxicómanos o entran en una incomprensible espiral de fracasos. ¿Qué es un secreto de familia? No hay que confundirse: muchos secretos son legítimos y sanos y, aunque nuestra cultura no siempre los acepte, nos aseguran a todos libertad de pensamiento. Los secretos de familia resultan en la exclusión de varios miembros, en general los más jóvenes, de la confianza de grupo. Paradójicamente, normalmente nacen del deseo de los padres de proteger al niño ocultándole, por ejemplo, que otro miembro de la familia ha tenido un hijo fuera del matrimonio, o se va a morir, o está en la cárcel o simplemente está en el paro… los ejemplos son infinitos. Y siempre, en todos los casos, es como si el niño al que se ha aislado supiera, inconscientemente, la verdad y se las arreglará para entenderlo a través de una enfermedad o una conducta marginal con un único objetivo: demostrar que él también se está muriendo o es un delincuente o un parado, creyendo que así recuperará la confianza «perdida». ¿Qué hay que hacer para reparar la existencia de un secreto así? ¿Y para acabar con la maldición? ¿Qué se puede decir, qué hay que callar, hasta qué edad? En su libro, *Nos secrets de famille*, el Dr. Serge Tisseron propone algunas pistas bastante interesantes que le hemos pedido que comparta con nosotros.

Como pedopsiquiatra, ¿cómo se interesó por las historias familiares?

Serge Tisseron: Todo empezó cuando era psiquiatra y psicoanalista de niños, durante los años ochenta. De repente, un día tuve la impresión de que las tablas de interpretación que había aprendido relativas a los cuadros infantiles no bastaban para explicar todos sus elementos.

¿Qué tablas de interpretación utiliza?

S.T.: En aquella época, aplicaba la tabla tradicional de la representación de las pulsiones parciales en los cuadros infantiles, creada por Melanie Klein, y la de Françoise Dolto sobre la imagen inconsciente del cuerpo. Sin embargo, me di cuenta de que había algunos cuadros que no se correspondían con ninguna de estas referencias.

Durante las terapias, muchos niños dibujaban los problemas que escuchaban en casa pero de los que nadie les había hablado. En otras palabras, los niños dibujaban elementos de la historia familiar de los que tenían prohibido hablar con palabras y que, sin embargo, presenciaban. Este fue el punto de partida de mis trabajos.

¿Y qué camino ha seguido?

S.T.: Ya antes me había hecho preguntas sobre este tema. Si los niños dibujan cosas de las que no pueden hablar, a lo mejor los adultos también lo hacen. A lo mejor los profesionales del dibujo explican, a través de su arte, las cosas de las que, de pequeños, no podían hablar. Entonces, decidí verificar esta hipótesis analizando alguna obra gráfica.

¡Y volvió a leer las historias de Tintín!

S.T.: Los secretos giran en torno a historias que tienen un principio, un desarrollo y un final. Por lo tanto, tenía que decantarme por algún autor que dibujara historias completas. Las litografías no explican historias, sólo ofrecen instantáneas aisladas. Entonces, por lógica fui a parar a los cómics. Como conocía bien *Las Aventuras de Tintín* porque las había leído de pequeño, empecé la investigación por ahí.

¿Y qué descubrió?

S.T.: Demostré que había un secreto de familia solapado en toda la obra. Hergé, el creador de Tintín, era nieto de una madre soltera y todos le habían dibujado una imagen de su abuelo, cuya identidad siempre se mantuvo en secreto, como de alguien muy prestigioso. Por lo tanto, en su vida había un peso muy grande por intermediación de su padre, que siempre estuvo resentido con su madre por ocultarle el nombre de su progenitor. Además, los biógrafos del famoso dibujante confirmaron esta información. Así pues, Hergé expresó en imágenes el secreto que, de pequeño, no pudo expresar con palabras.

121

Pero expresarse con imágenes no es una técnica nueva.

S.T.: Los psicoanalistas afirman que lo que se suele expresar con dibujos son los conflictos entre los deseos y las prohibiciones que van asociadas a ellos. Desde este punto de vista, son una especie de compromisos. Mi opinión es que el niño, y en ocasiones el adulto, también dibuja lo que le está prohibido decir con palabras, sencillamente porque debe obedecer una norma familiar. El dibujo no siempre expresa los deseos prohibidos, excepto el de entender y conocer lo que puede suceder en una familia alrededor de un acontecimiento. A partir de esta idea escribí *Tintin et les secrets de famille* en 1987.

En la actualidad, la familia tradicional ha desaparecido. ¿Ha cambiado la definición de familia?

S.T.: La definición no creo. Sin embargo, la necesidad que nos lleva a definirla ya no es la misma. Antes, la familia existía, nadie la ponía en duda y, por lo tanto, no había ninguna necesidad de definirla. Se cultivaba el recuerdo de los antepasados y, alrededor de padres e hijos, se juntaban hermanos, tíos y abuelos. Hoy en día, las nuevas formas de vida han puesto patas arriba todo esto y lo más habitual son las familias de divorciados casados en segundas nupcias, parejas de hecho o monoparentales. Además, cada vez nacen más niños por fecundación in vitro, con un donante anónimo o no, y el número de adopciones también ha crecido. Por lo tanto, me parece esencial recordar que toda familia se define con dos ejes complementarios: un eje horizontal y un eje vertical.

El eje horizontal lo componen todas las personas que, en un momento dado, pueden estar en contacto físico o virtual, vía Internet por ejemplo. Los miembros de una misma familia pueden estar repartidos por Canadá, Argentina, China y África pero, mediante internet, pueden ponerse en contacto los unos con los otros, contacto entre seres vivos. Aunque sea un contacto virtual, el carácter humano de los protagonistas define la relación. Sin embargo, toda familia también se define por un eje vertical, representado por los ascendientes y la genealogía que integra cada ser humano en una filiación. Todos descendemos de un hombre y una mujer, que también nacieron de un hombre y una mujer, y así sucesivamente. Es importante recordar que estos dos ejes son básicos para la construcción física del niño. Nadie se define únicamente a partir de sus contemporáneos o de sus ascendientes. Todos necesitamos de ambos.

En nuestra sociedad, la familia, que ha sido vilipendiada durante los últimos años y considerada como una carga, está revalorizada. ¿Cómo explica este cambio?

S.T.: La familia, que hoy está revalorizada, es muy distinta a la que se atacaba hace unos años. La que se despreciaba era la familia patriarcal tradicional, alimentada por la hipocresía y el autoritarismo, con un padre declarado casi un dios por el mero hecho de ser el padre, aunque fuera alcohólico o incestuoso. Desde los años cuarenta, este tipo de familia ha sido ampliamente criticada. La familia que hoy se ha revalorizado exalta los valores de la proximidad, la autenticidad y la sinceridad. A mí, más que revalorización de la familia, me gusta hablar de nuevas formas de organización familiar, de nuevas relaciones entre padres e hijos.

El tema del secreto de familia está cada vez más estudiado, sobre todo en cine con películas como Celebración *de Thomas Vinterberg, que habla del trauma que deja el incesto, o más recientemente* Atando cabos *de Lasse Hallstrom, cuyo protagonista es un hombre en busca de sus raíces que descubre, entre otras cosas, que desciende de una familia de náufragos. ¿Es una moda?*

S.T.: En mi caso no, porque empecé a interesarme por este fenómeno hace más de treinta años, a finales de los setenta. Hay que entender que, en aquella época, nadie, y mucho menos los psicoanalistas, creía que el origen de los problemas psicológicos podía estar en los secretos de familia. El reconocimiento actual proviene, básicamente, de dos factores. El primero es, sencillamente, la evolución de las costumbres. Había un gran número de problemas que, apenas hace veinte años, seguían siendo tabú mientras que hoy todos hablamos de ellos con toda libertad, entre ellos, por ejemplo, los hijos adulterinos, los hijos concebidos antes del matrimonio o adoptados (eventualmente por parejas homosexuales); asimismo, en el aspecto patológico, también se ha avanzado en el atrevimiento a hablar de enfermedades mentales, depresiones, toxicomanías, alcoholismo, etc. La prensa dirigida al gran público ha tratado todos estos temas, les ha vuelto a dar su dimensión social y no sólo una dimensión individual. Por lo tanto, el sentimiento de vergüenza que se desprendía de estos fenómenos ha desaparecido.

¿Y el segundo factor?

S.T.: Muchos especialistas del psiquismo empezaron a interesarse por estas cuestiones. Hace treinta años, cuando hablaba con mis colegas del problema de los secretos de familia, suscitaba un escepticismo muy educado, en el mejor de los casos, y en el peor, un brote de agresividad.

Afortunadamente, hoy en día el impacto de los secretos de familia está reconocido. Sin embargo, es interesante remarcar que el progreso no ha venido dado por los propios terapeutas, sino por la evolución social. Como siempre, los terapeutas sólo vieron esta evolución y se subieron al carro.

¿Me está diciendo que la sociedad se dio cuenta de la importancia de los secretos de familia antes que los terapeutas?

S.T.: Exacto. Según Freud, el padre del inconsciente, los secretos de familia no existían. Por lo tanto, todos los psicoanalistas que bebieron su teoría, y sólo Dios sabe lo numerosos que eran en los setenta, nunca los tuvieron en cuenta. En el medio analítico de aquella época, había respuestas ya formuladas, como esta: la historia de los padres y de la línea de descendencia se inscribe en el inconsciente del niño. Por lo tanto, cada uno tiene un conocimiento inconsciente de la herencia familiar, incluso de la más sombría. Conclusión: aunque una familia tenga un secreto de familia, de todas formas será un secreto a voces por todos conocido.

¿Se inspiró en las teorías de Nicolás Abraham y María Torok, los psicoanalistas que se sitúan en el origen de las nociones clave de los efectos de un secreto de familia a través de las generaciones (la clínica del fantasma)?

S.T.: Para realizar la investigación sobre *Tintin et les psychanalystes*, efectivamente me inspiré en su teoría. Sin embargo, más tarde vi que esta teoría no resolvía todos los problemas y que se tenía que ampliar con otras construcciones teóricas. En resumen, Nicolás Abraham y María Torok fueron los primeros en tener en cuenta que los secretos vergonzosos, y las mentiras que los acompañan, pueden crear desgastes psicológicos importantes en las siguientes generaciones; es la teoría de la cripta y del fantasma. Por otro lado, no mencionan en forma alguna a través de qué mecanismo los secretos «rebotan» de generación en generación y envenenan la vida de las familias. ¿Cómo se transmite ese secreto que parece contagioso y que los niños, los niños pequeños, llevan siempre consigo? Como no habían abordado esta cuestión, algunos terapeutas imaginaron que, quizás, este secreto contenido en el inconsciente de los padres saltaba, como una pulga invisible, al inconsciente de los hijos. Y esta teoría ha ido evolucionando hasta lo absurdo.

¿Qué complemento ha aportado usted? ¿En qué se basa su propia teoría de los secretos de familia?

S.T.: Si vivimos una situación de la que no podemos hablar porque está prohibido o nos resulta doloroso, desarrollamos otras formas de expresión: actitudes extrañas, frases equívocas, etc., que nuestros hijos perciben inconscientemente. Cuando el clan familiar se impone el silencio, los niños se fabrican las imágenes. Con los dibujos, expresan lo que no pueden decir con palabras pero que, de todos modos, han interiorizado a partir de los gestos y los comportamientos que observan a su alrededor. En mi libro *Psychanalyse de la bande dessinée*, de 1987, bauticé este mecanismo como la teoría de los tres niveles de simbolización. A partir de entonces, no he hecho más que precisarla, definirla y extraer las consecuencias.

¿Cómo hace sufrir a los miembros de una familia la ley del silencio que rodea un secreto?

S.T.: Es muy sencillo. El ser humano está hecho de manera que siempre hay algo, una fuerza interior, un instinto, que lo obliga a hacerse representaciones de las situaciones que atraviesa. Todo el mundo lo ha hecho alguna vez. Si va por la carretera y ve un accidente, cuando llega a casa se lo cuenta a toda la familia, con muchos gestos o incluso con un croquis. Es una característica humana; desde el momento en que vivimos un acontecimiento importante, le damos una representación que puede adoptar formas múltiples. La vida familiar está permanentemente bajo el signo de estos cambios.

Ahora bien, cuando los miembros del grupo viven algo de manera muy intensa y no les pueden otorgar representación verbal, van a traducirlo inconscientemente. Si, por ejemplo, a alguien lo atacan por la calle y no lo comunica, va a experimentar el miedo de otra manera: no querrá salir de noche y se excusará diciendo que está cansado. Los otros miembros de la familia se preocuparán porque esa actitud les parecerá incomprensible. También hay otras actitudes ambivalentes que pueden resultar tóxicas, como la de la madre que le quería ocultar a su hijo que lo habían adoptado. Cada vez que se hablaba de adopciones en la televisión, la madre la apagaba o cambiaba de canal. El silencio, detrás de sus actitudes, creó una dinámica muy particular en el seno de la familia y engendró duros conflictos.

¿Y qué sucede cuando un niño percibe que hay un no-dicho, un secreto en la familia?

S.T.: Cuando un niño sospecha que sus padres maquillan o distorsionan la realidad y que, por ello, sufren, empieza a barajar varias hipótesis. En una pareja sucede lo mismo. Su pareja llega a casa cada noche de buen humor y de repente, un día, llega totalmente perturbado. Le pregunta qué le pasa y le dice que nada, entonces usted se empezará a hacer preguntas. Pero volvamos al niño. Si sospecha que le ocultan algo, se hará tres tipos de preguntas.

Para empezar, se preguntará: «¿Es culpa mía? ¿He hecho algo mal sin darme cuenta?».

A continuación, la siguiente pregunta será: «¿Es que mis padres han hecho algo de lo que se avergüenzan y no se atreven a explicármelo?».

Y, al final, se dirá: «A lo mejor sólo son imaginaciones mías».

De este modo, el niño entra en una espiral de dudas cada vez más generalizada. Si lo que le ocultan es importante, acabará dudando de lo que escucha, de lo que ve, de lo que entiende y de lo que piensa. Este sufrimiento es terrible para el niño y puede presentar problemas más o menos serios, desde dificultades en el aprendizaje hasta determinados comportamientos sicóticos.

Los secretos de familia, ¿magnifican sus efectos a medida que van pasando de generación en generación?

S.T.: En general, los efectos se agravan en las dos primeras generaciones y después disminuyen. Sin embargo, hay que tener en cuenta que cada niño se desarrolla en un ambiente relacional bastante amplio. Está en contacto con la niñera, con los tíos y las tías, etc. Si choca con actitudes incomprensibles de su padre, siempre podrá acudir a alguien de su entorno como, por ejemplo, su madre, para saber qué le pasa a su padre. A lo que ella podrá contestar que no acaba de superar el despido o que a veces está de mal humor porque de pequeño sufrió mucho, que no puede hablar de eso pero que, a lo mejor, algún día se abrirá a ellos. Al descubrir que no es culpa suya, el niño se tranquiliza y se libera.

¿Quién puede ejercer este papel corrector con un niño?

S.T.: Dentro de este sistema correctivo, los abuelos tienen un papel muy importante. Siempre que un padre «portador de un secreto» cría a su hijo, los abuelos pueden, al menos, explicarle que su padre o su madre se comportan de una manera extraña por algo que no tiene nada que ver con él y de lo que no es responsable. Hoy en día, y gracias a la agitación mediática alrededor de estos no-dichos, cada vez hay más personas sensibilizadas con que hay que aplicar correctivos.

Y si nadie libera a un niño de la culpa que él puede sentir, ¿qué les sucederá a las generaciones venideras?

S.T.: Entonces, el secreto atraviesa las generaciones. El adulto que, de pequeño, sufrió las consecuencias de un secreto de familia está destinado a desarrollar, en su papel de padre o madre, un sistema de comunicación distorsionado. Por ejemplo, si una mujer fue víctima de un incesto cuando era pequeña, su hijo puede intuir lo que le esconde, aunque sin tener la confirmación. En la segunda generación, cuando esta niña sea madre, puede desarrollar una actitud ansiosa con respecto a la sexualidad sin saber por qué y puede llegar a ser exageradamente protectora con su propia hija. El secreto ya no es sólo «indecible», sino también innombrable. Entonces, el niño puede desarrollar auténticos problemas de personalidad.

¿Hay secretos en todas las familias?

S.T.: ¡Por supuesto! Todas las familias guardan secretos. Existirán siempre. Sin embargo, me parece importante hacer la distinción entre los secretos buenos y los malos. No todos son nocivos. A veces, la familia lleva a cabo un embellecimiento de la verdad, una especie de mitología que refuerza la cohesión familiar. El secreto de familia tóxico posee tres características: se oculta, está prohibido saberlo y provoca sufrimiento en un miembro de la descendencia cuyos hijos pueden descubrir. Por supuesto, obvia decir que no todo lo que se oculta a los niños obedece forzosamente a estas tres características. Por ejemplo, la vida sexual de los padres se mantiene en secreto; el niño tiene prohibido asomarse para ver qué pasa en el dormitorio de los padres aunque, al mismo tiempo, y a pesar de ocultárselo, es una fuente de felicidad para los padres y el niño lo nota y, por lo tanto, se despreocupa.

Es muy distinto cuando el clan familiar se impone el silencio sobre algún suceso. Una desavenencia aparentemente sin importancia por una herencia puede resultar terrible para uno de los miembros del clan y envenenar su vida y la de sus hijos. La gravedad reside en la importancia del secreto, claro está, pero también en el desgaste emocional y en la constancia por preservarlo. En todas las familias puede haber elementos mantenidos en secreto, pero que no provocan demasiadas emociones, que preocupan poco. Estos, por ejemplo, no son demasiado graves. La intensidad de la participación emocional de los padres en el secreto es lo que marca el nivel de gravedad. Por lo tanto, es esencial diferenciar entre los secretos nocivos y los que no lo son.

¿Hay terrenos más propicios que otros para desarrollar secretos nocivos?

S.T.: Los más propicios son los que giran alrededor de los orígenes y la muerte. Así pues, hablaríamos de la adopción, la fecundación in vitro, los hijos adulterinos, pero también de un duelo no realizado, la locura de un pariente, el alcoholismo, las sobredosis, los suicidios, etc. Todo lo que pueda manchar la imagen de una familia. Con el deseo de mostrar respeto, también se ocultan las muertes de hijos a edades tempranas, los ingresos en psiquiátricos...

El contenido de los secretos de familia, ¿ha cambiado con el tiempo?

S.T.: Todo lo que se sale de la norma social se presta al secreto. Por lo tanto, desde hace unos años los secretos han cambiado, de acuerdo con el tiempo y la evolución de las costumbres. En la época del amor libre y las familias recompuestas, una madre soltera ya no se siente en el ojo del huracán social. Del mismo modo, los cambios de mentalidad también han participado en sacar de la esfera de los secretos aspectos que, tradicionalmente, estaban relacionados con ella: la enfermedad mental, la toxicomanía, el alcoholismo, la adopción... Sin embargo, van apareciendo otro nuevos, como la fecundación in vitro o el sida. También existe cierta tendencia a mantener el desempleo en secreto; para no alertar a la familia, algunos hombres se van de casa cada mañana como si fueran a trabajar.

La psicoterapia parece que ayuda a sus pacientes a reconocer los síntomas del peso de los secretos. ¿Cómo lo hace, exactamente?

S.T.: Las personas que acuden a mi consulta, sufren angustia, insomnio, crisis de cólera, depresión, desencanto con la vida... Y no se les indigesta el pasado, sino el presente, que ya no responde. En estos casos, lo importante es permitir que el paciente reconozca la singularidad de su síntoma. Otras personas, frente a situaciones similares, habrían podido reaccionar de otra manera. Por ejemplo, no todo el mundo cae en una depresión cuando atraviesa una crisis profesional. Esta manera de reaccionar conecta a la persona con su propia historia psíquica, familiar o relacional. Para que esta persona se dé cuenta y pueda saber por qué reacciona así, podemos analizar juntos la relación que tenían con sus padres de pequeña. Nos podemos centrar en los momentos en los que tuvo la sensación que le escondían algo. Cuando se producen estas interferencias activas (cuando le hacen creer al niño que lo que ha visto u oído no existe, que es fruto de su imaginación) es cuando éste desarrolla los tipos de reacción de los que estoy hablando.

Concretamente, ¿qué sucede en una sesión de psicoterapia?

S.T.: Usted sabe perfectamente que, siguiendo un mecanismo teorizado por Freud, el paciente atribuirá al terapeuta senti-

mientos e intenciones de su propia historia; es decir, que va a colocar al terapeuta en la situación de ser unas veces su padre y otras,
su madre. Sin embargo, hay otra forma de transferencia, descrita
primero por Hermann y luego por Bowlby, que podríamos denominar la transferencia filial. El paciente sitúa al terapeuta como
el niño que él mismo fue. Entonces, el terapeuta tiene el sentimiento de no entender lo que el paciente explica o de entenderlo parcialmente o de imaginar que ha hecho algo vergonzoso.
Cuando el profesional se encuentra en uno de estos tres casos,
puede pensar que el paciente, inconscientemente, le ha hecho vivir lo que él mismo vivió. Después se lo explica al paciente, y eso
permite a este último encarar su vida personal y psíquica de manera totalmente distinta.

Por lo tanto, la herramienta de la psicogenealogía es la transferencia y la relación terapéutica es sólo una especie de cámara de
repetición del pasado. Mi trabajo como terapeuta consiste en ayudar a la persona a reconocer las actitudes mentales y relacionales
que se ha fabricado por aquél o aquélla cuyo secreto ha heredado.
Tiene que darse cuenta de que, como persona adulta, ya puede
liberarse de esa carga familiar y utilizar sus propios recursos para
recuperar las riendas de su destino.

*¿Existe alguna posibilidad, por mínima que sea, de que un secreto
de familia deje entrever la verdad?*

S.T.: El secreto de familia no se opone a la verdad porque la verdad no existe. Quiero decir que nadie la conoce. Si su abuela le dice:
«Tu abuelo no murió por muerte natural», nadie sabe si se lo está in-
ventando. El secreto no se opone a la verdad, se opone a la comunicación. La razón es lógica: cuando un niño crece en el seno de una
familia con secretos, evidentemente tiene la impresión de que existe algo que él no puede saber pero, sobre todo, cree que ser adulto es
tener secretos. Así pues, empezará a fabricarlos y a disimular informaciones, algo que se opondrá a la comunicación auténtica que
debería tener con todos los que tiene alrededor, incluidos los padres.

Pero, ¿no es importante en una terapia una forma de verdad?

S.T.: La verdad de cada uno, sí, pero la verdad histórica objetiva, no. ¡De la primera, nunca nadie puede estar completamente seguro! Sin embargo, romper la ley del silencio y revelar el secreto constituye un buen principio para una posible curación. Si un paciente entiende algo importante, por fin ha encontrado su verdad. Evidentemente, es recomendable intentar hacer coincidir nuestra verdad con la de la historia familiar. En una terapia, el paciente se deja llevar por las construcciones psíquicas. Pueden ser inventadas y, por lo tanto, algunas veces erróneas, pero son esenciales. Le permiten dar sentido a situaciones que, hasta entonces, no lo tenían. Todo ser humano intenta, constantemente, encontrar un sentido a las situaciones que vive. Si no lo consigue, se perturba y se convierte, al final, en un ser perturbador. Por lo tanto, si un paciente llega a descubrir que una angustia o un miedo pueden relacionarse con algo que le ocultaron, se libera. Aunque, cuidado, no hay nada que demuestre que sus padres le ocultaron algo porque, a lo mejor, ellos también eran víctimas de un secreto que se remontaba varias generaciones atrás. Pero podrá explicar a sus hijos por qué, por ejemplo, le incomodan determinadas situaciones, como las escenas de violación en el cine, por ejemplo. Tendrá una justificación.

¿Ha podido establecer una relación entre determinadas patologías y los secretos de familia?

S.T.: No. Si alguien hubiera podido hacerlo, los secretos de familia se habrían tenido en cuenta desde finales del siglo XIX. Si la teoría de la psicopatología los ha obviado durante tanto tiempo es, precisamente, porque no provocan ningún síntoma. Sin embargo, los secretos agravan todos los síntomas. Si un niño crece en una familia donde desarrolla una falta de confianza hacia él y si, además, presiente un secreto de familia, sus problemas se acentuarán. Si un niño crece en una familia donde le hacen desarrollar, debido a su organización edipiana, problemas fóbicos u obsesivos y si, además, hay un secreto de familia, desarrollará mucho más su conducta patológica. Si lo prefiere, el secreto de familia empeora todos los problemas, pero no crea ninguno en especial. Impide que un niño se cure, aunque el punto de partida de los síntomas son debidos a más causas. Sin embargo, la experiencia demuestra que una patología grave suele ir acompañada de un secreto. La razón es sencilla. Para estructurarse psíquicamente, el niño debe tener la imagen de un padre simbólico agradable, que garantice la ley de prohibición de incesto, por ejemplo. Y lo mismo con la figura materna. De ello depende su capacidad de autogobernarse. En una familia con un secreto, estas figuras desaparecen y, de repente, el niño está menos preparado para hacer frente a los síntomas y evitar que evolucionen.

Para terminar, detrás de los síntomas graves suele esconderse un secreto de familia, pero el síntoma no es específico del secreto. Está relacionado con la psique del propio niño.

¿Pueden darse, con los secretos de familia, fenómenos de repetición de sucesos de una generación a otra?

S.T.: En nuestros días, la repetición de los secretos de familia prácticamente no existe. Sencillamente porque si, en la actualidad, una chica da a luz a los dieciséis años, igual que su madre, su abuela y su bisabuela, no se encontrará en la misma situación social que ellas, porque el punto de vista de la sociedad sobre estos temas ha cambiado. La joven madre recibirá ayudas del estado, las asistentes sociales se ocuparán de ella, incluso puede que hasta su madre se encargue de bebé… Y la situación no se va a esconder, por lo que no va a generar ningún secreto de familia como hubiera podido suceder antaño. En resumen, puede haber una tendencia a repetir determinados comportamientos, pero tendrán una importancia relativa y unas consecuencias totalmente distintas, básicamente por la evolución de la sociedad y las costumbres.

Sin embargo, las repeticiones que sus pacientes le describen son ciertas, ¿no?

S.T.: Algunas repeticiones se pueden explicar por las preocupaciones de un padre que acaban por transmitirse al hijo. Por ejemplo, si una madre fue violada a los diez años, se arriesga a tener miedo a que a su hija le suceda lo mismo a esa edad. La niña lo percibe y puede tener cierta tendencia a hacer lo que la madre tanto teme. Sin embargo, también hay que desconfiar un poco de todas las construcciones de coincidencia que se construyen a posteriori. A menudo, los pacientes me confían su sentimiento de estar viviendo una repetición. Me dicen, por ejemplo: «He caído en la repetición, mi primer hijo murió a los seis meses y, hablando con mis padres, he descubierto que a ellos les pasó lo mismo, y también a mis abuelos». Podría decir que esta familia es víctima de una neurosis generacional. Pero, en lugar de eso, les animo a que se comuniquen respecto a estos sucesos. Y al final, por norma general, la persona acaba dándose cuenta de que sus padres, e incluso sus abuelos, le habían mentido sobre la fecha real de la muerte de su primer hijo para coincidir con ella y liberarla. Para mí, lo que suele pasar es que alguien que se cree presa de la repetición y empieza a buscar información, ella misma se la fabrica. Sin mencionar que la idea de la repetición, por muy morbosa que pueda resultar, es muy gratificante para padres y abuelos: «Mi nieto repite lo que yo viví. ¡Debe de quererme tanto!». Así pues, aunque los abuelos lo confirmen, una investigación un poco rigurosa puede desmentir tales creencias. Y entonces, cada uno se sentirá libre para vivir su propia vida sin ninguna amenaza sobre su cabeza.

Después de haberle escuchado, todos nos preguntaremos si en nuestras familias habrá habido secretos. ¿Qué hay que hacer para intentar descubrir la verdad?

S.T.: En primer lugar, hay que hacer preguntas, pero sin maltratar al interlocutor que, generalmente, es uno de los padres. No hay que olvidar que cuando empezamos a abordar un secreto con nuestros mayores, nunca se sabe si lo han fabricado ellos o han sido sus víctimas. Por lo tanto, hay que evitar decir: «¡Me has ocultado algo!». Al contrario, es preferible empezar con: «Tengo la impresión de que en nuestra familia, un día, alguien ocultó algo». A menudo, la respuesta del padre es: «¿Tú también? ¡A mí me pasa lo mismo!». Y entonces, se convierte en un cómplice para intentar buscar la respuesta.

Otra razón para no maltratar al interlocutor es que nunca sabemos si se disimula el secreto por principio o si realmente se trata de algo grave y traumático, como un incesto, por ejemplo. Intentar hacer hablar como sea a un padre, que también puede ser víctima, puede hundirlo del todo. Siempre hay que abordar estos temas con precaución, porque nunca sabemos qué terreno pisamos.

¿Algún otro consejo?

S.T.: Siempre hay que interesarse por la historia social. Los secretos tienen, forzosamente, dos puertas de entrada: la del lado de los comportamientos individuales y la del lado de los comportamientos colectivos. Cuando alguien se interesa por el colectivo, se da cuenta de que en un momento determinado, en una religión determinada o en una época determinada de la historia, muchos secretos giraban alrededor de los mismos individuos. Por ejemplo, las chicas que, durante la primera mitad del siglo XX, servían en casas nobles o burguesas, a menudo quedaban embarazadas del señor de la casa o de su hijo. En todas las familias, aquello era una deshonra y una vergüenza, y desencadenó muchos secretos. Cada familia lo ocultaba como algo privado cuando se trataba de un fenómeno social de aquella época.

Y para terminar, un último consejo, y el más importante para un psicoanalista. Es indispensable abordar la cuestión de las consecuencias que los secretos han tenido en el paciente. No le sirve de nada entender que su bisabuela fue violada por un gitano. Le será más útil entender por qué, inconscientemente, ha desarrollado un síndrome que le impide ver películas, escuchar música o leer libros relacionados con los gitanos. Es decir, que lo interesante de los secretos de familia no es entender el aconteci-

miento verdadero (aunque, repito, nunca nadie tendrá un conocimiento exacto de lo que sucedió), sino saber a qué sistema relacional perturbado se han sometido de niño y cómo ese sistema le
ha creado prohibiciones, reticencias a abordar determinados problemas, actitudes relacionales, etc.

Al investigar el secreto, podemos conseguir, por fin, una información que confirme que lo que creíamos era cierto: «Sí, a tu
abuela o a tu bisabuela la violó un gitano. No, tu abuelo era hijo
ilegítimo. Sí, tienes un hermanastro, un hijo del primer matrimonio de tu padre y que éste te ha ocultado». A partir de esa confirmación, podemos, como decía, construir nuestro mundo sobre
algo sólido. Tenemos la oportunidad de replantearnos la vida a la
vista de todas las construcciones mentales que nos habíamos
hecho de pequeños pero que nunca nadie nos había confirmado.
Nos diremos, por ejemplo: «Si siempre tengo tendencia a sentirme
culpable cuando reflexiono sobre el problema de la filiación, es por
este suceso». En ese momento, podemos empezar a liberarnos de
las cadenas.

Conocer los secretos de familia no libera a nadie de su carga,
pero le permite comprometerse con un proceso terapéutico con
mucha más eficacia. Empezar una psicoterapia con un secreto de
familia sobre nuestras espaldas, sin saberlo, es correr el riesgo
de hacer un largo análisis sin avanzar cuando, sin el secreto, lo ha-
ríamos. Pienso que las personas que han perdido el tiempo en un
diván durante muchos años eran, a menudo, víctimas de secretos
de familia. Además, nunca recibieron la ayuda del terapeuta para
descubrirlos porque éste aprendió su trabajo con una teoría psicoanalítica según la cual los secretos no existen.

Como quizás sabe, Freud creció en una familia con secretos
y tuvo mucho cuidado en dejarlos de lado en toda su teoría...

7

Cómo nuestra familia y nuestros antepasados nos legan una neurosis de clase

ENTREVISTA CON VINCENT DE GAULEJAC

Profesor de psicología en la Universidad de París -VII y director del Laboratorio de cambio social, Vincent de Gaulejac es famoso por sus investigaciones sobre la novela familiar y lo que él denomina la lucha de lugares, que es una mezcla de reivindicaciones individuales y determinismos colectivos cuyas infiltraciones al interior de los inconscientes, principalmente por la vía de la transmisión entre generaciones, sigue con sutileza. También analiza un poderoso motor de patologías transgeneracionales: la doble tensión constante a la que se someten los humanos de las sociedades modernas, dudosos entre la necesidad de lealtad sociofamiliar y el deseo de promoción individual (por ellos mismos o por sus descendientes). Según Gaulejac: «El individuo es el producto de una historia de la que quiere ser el protagonista». Y esa misma tensión entre el determinismo y la libertad será el tema principal de la séptima y última entrevista del libro, que se cierra no con la visión de un psicoterapeuta sino con la de un sociólogo, que es ligeramente distinta.

Una simple mirada a la realidad más banal nos enseña que los destinos individuales, aunque cada uno de ellos contenga una parte de irreducible singularidad, no son independientes del campo social en el que aparecen y se desarrollan. La pertenencia social, el capital económico y simbólico de la familia, las transformaciones sociales de los sistemas de valor y de los modelos de educación, las condiciones históricas del nacimiento, todo esto influye en el devenir de los individuos, ya sea en su inserción social, su trayectoria escolar o incluso en sus vidas afectiva y sexual. Para limitarnos al ejemplo más sencillo: el hijo de un ejecutivo tiene un ochenta por ciento más de posibilidades de convertirse en profesor universitario que el hijo de un albañil; nadie ignora el lugar preponderante que ocupa en nuestra vida la profesión que ejercemos.

La lucha de clases es una realidad, aunque no ocupe el lugar motriz que le atribuían los marxistas. Las investigaciones de Vincent de Gaulejac demuestran cómo el recuerdo de la violencia social pasada está vivo, perdura a lo largo de las generaciones, aunque la relación entre clases ya no es de la misma naturaleza. Una de las fibras transmisoras de esta persistencia es el deseo de los padres de que los hijos asuman su herencia y no renuncien a la tradición familiar, un poco como si el objetivo final de la educación fuera reproducir esa tradición. Ahora bien, esta tradición se inscribe, forzosamente, en un determinado contexto social.

Sin embargo, al mismo tiempo, todos los padres tienen un proyecto de vida para sus hijos, lo que los psicosociólogos denominan un proyecto parental, y que consiste, básicamente, en tener éxito, es decir, en promocionarse socialmente. Por lo tanto, vemos cómo se perfila el contorno de una contradicción entre, por una parte, el deseo de lealtad familiar y, por lo tanto, a una determinada clase social y, por otra parte, la sed de promoción y, por lo tanto, el acceso a otra clase social.

Esta contradicción, colocada en el contexto de la problemática transgeneracional, puede tener consecuencias de una gravedad inesperada, sobre todo si el fracaso de una tentativa de promoción está oculto detrás de la vergüenza social y la humillación personal, adquiriendo así la forma de un no-dicho fantasmal que puede llegar a arruinar el destino, básicamente profesional, de generaciones enteras.

Para evocar este tipo de situaciones, Vincent de Gaulejac utiliza la noción de impás genealógico, estrechamente ligada a la del secreto familiar que hemos comentado con Serge Tisseron: «El secreto conduce a un impás genealógico a partir del momento en que un individuo se ve acorralado entre partes de él mismo, inconscientemente identificadas con sus antepasados pero por las que expresa rechazo porque están relacionadas con sentimientos negativos o situaciones detestables, con el añadido de una lealtad familiar invisible que le impide liberarse de ellas». La cuestión es: ¿tiene alguna posibilidad de liberarse?

¿Qué le empujó, en un principio, a trabajar con la novela familiar y la trayectoria social?

Vincent de Gaulejac: ¡La preposición! Me llamo *de* Gaulejac. Imagínese todo lo que una preposición puede transmitir de su situación (cultural, política, económica, etc.) en el inconsciente de su entorno. Es un buen principio, ¿no le parece?

Con la explosión de las prácticas transgenealógicas, asistimos a una auténtica pasión por investigar sobre los orígenes familiares. ¿Qué análisis hace un sociólogo de este fenómeno?

V.d.G.: Parece que sea debido a dos fenómenos sociales mayores. Por un lado, comprobamos que el sentimiento de la sociedad es mucho menos fingido. No hay que olvidar que, hasta hace poco, la movilidad social era muy escasa y que, si los padres eran campesinos, los hijos tenían muchas posibilidades de seguir ese mismo camino. Y así con los albañiles, etc. Las nociones de continuidad y de transmisión estaban inscritas en la estructura social. En la actualidad, los hijos suelen seguir una trayectoria social distinta, aparentemente, de las de sus antepasados. Por lo tanto, no es de extrañar que cada uno se pregunte por la relación con su identidad heredada.

¿A que se refiere con identidad heredada?

V.d.G.: Defiendo la idea que las crisis de identidad se desarrollan por las diferencias entre la identidad heredada, la identidad adquirida y la identidad esperada. La identidad heredada es nuestro origen social, la posición de los padres. La identidad adquirida es el lugar que ocupamos en la sociedad actual. Y la identidad esperada es el lugar que soñamos ocupar. Las diferencias importantes entre las tres identidades generan preguntas sobre uno mismo y sus orígenes. El «¿quién soy?» y el «¿adónde voy?» no son preguntas nuevas; sencillamente, se generalizan.

¿Cuál es el segundo fenómeno social que explicaría esta pasión actual por la genealogía?

V.d.G.: El desarrollo del individualismo. Según Richard Senté, uno de mis colegas sociólogos, el yo de cada individuo se convierte en su principal carga. No se trata tanto de situarse en una filiación para hacer lo mismo que sus padres como de ser autónomo. En realidad, la ideología ambiente se basa en la noción de la realización de uno mismo: se trata de construirse y ser responsable. Hay que ser uno mismo y, para eso, hay que sabe quiénes somos y de dónde venimos.

¿Qué significa, para usted, ser uno mismo?

V.d.G.: Le confieso que no lo sé muy bien… Sin embargo, los efectos de esta pregunta son obvios: más allá del deseo de introspección, que ya es antiguo, aparece el de prestar atención a los orígenes. El tiempo del «escupiré sobre vuestra tumba» vuelve: muchas personas buscan, en su historia familiar y su genealogía, una justificación de lo que aspiran a ser.

Su enfoque del impacto genealógico se basa en el estudio de lo que usted denomina la novela familiar y la trayectoria social.

¿Podría definir estas nociones?

V.d.G.: Desde un punto de vista teórico, la novela familiar recuerda una noción utilizada por Freud. Dijo que los niños adoptados desarrollaban un fantasma sobre sus orígenes. Solían imaginarse que eran hijos de una prestigiosa familia que los había abandonado por esta o aquella razón. Según Freud, este fantasma permitía corregir la realidad. Idealizaban a su familia de origen para soportar mejor a su familia adoptiva. El niño se decía: «Los fallos no importan porque no son mis verdaderos padres. Por lo tanto, no estoy obligado a inscribir mi destino junto al de ellos». En realidad, como su nombre indica, la novela familiar es una construcción, o una reconstrucción, de la historia de una familia.

Sin embargo, la novela familiar hace mucho tiempo que está en boga, aunque con distintas formas. Por ejemplo, el cuento de hadas donde éstas ayudan a muchos niños a encontrar sus orígenes, la mayoría familias nobles. En definitiva, la novela familiar rediseña la actualidad de la familia aunque, evidentemente, no lo hace con total neutralidad. Es la versión chic y polémica a la vez que los descendientes directos construyen alrededor de la historia de su familia. Ya sea a través de las animadas conversaciones alrededor de una mesa en Navidad o en un cumpleaños o a través de las confidencias secretas, la leyenda familiar ofrece a los niños un modo de empleo existencial. Vemos nacer, por ejemplo, historias que explican a los niños por qué son pobres: «Antes éramos ricos, pero después nos arruinamos». La novela familiar da a entender que tal tío o tía nacieron con la vida solucionada y que, después, llegaron tiempos difíciles. Por lo tanto, la novela familiar no siempre recupera la realidad de lo que pasó, y de ahí el nombre. Pero, en cualquier caso, es una novela que se elabora con lo dicho y lo no-dicho.

A veces, habla de la elaboración de la novela familiar como si fuera une especie de ritual transgeneracional. ¿Cómo se celebra este culto?

V.d.G.: En cada familia verá que hay unos lugares y unos momentos privilegiados para hacerlo, para desvelar los secretos de familia. A mí siempre me han sorprendido las cenas familiares. Ya sea por Navidad o por algún cumpleaños, y aunque los miembros de la familia no tengan ganas de ir ni de participar en la celebración, a pesar de los remilgos que la acompañan, al final acude prácticamente todo el mundo. Cada uno, sea de descendencia rebelde o no, demuestra una irresistible necesidad de acudir, de tener noticias de los otros, de dejarse ver y, sobre la marcha, de sacrificarse al ritual transgeneracional y así poder seguir el tejido de la novela familiar. Y es en este punto donde la dimensión del discurso se mezcla con la dimensión inconsciente, siempre con el objetivo de transmitirla a las siguientes generaciones, o de ocultarla. Las cosas pueden decirse o callarse, depende. Para ilustrar este gran festín familiar le remito a la película *Celebración*, del director danés Thomas Vinterberg (Premio del jurado en el Festival de Cánnes de 1998), que ilustra muy bien esta reunión familiar y el peso de los secretos que flotan en el aire y que, al final, estallan.

Hablemos de otra noción que le interesa mucho, la trayectoria social. ¿Cómo la definiría?

V.d.G.: Las trayectorias de los individuos son condiciones originadas por determinados elementos que dependen, básicamente, de la identidad heredada y la posición social de los padres y los abuelos. Por muchos libros que devore y por mucha inteligencia que demuestre, si su capital cultural es débil, ¡nunca llegará a ganar un concurso de televisión!

Trayectoria social, planes de carrera, transgenealogía... Para poner un ejemplo excéntrico pero muy significativo, ¿cómo se interpreta que la hija del famoso boxeador Mohamed Ali, Leila Ali, vendiera su salón de manicura en Nueva York para lanzarse al boxeo femenino, siguiendo así, contra todo pronóstico, los pasos de su padre?

V.d.G.: Si tuviéramos que señalar un culpable, sería la identidad heredada. Hay una dimensión sociológica importante para entender mejor cuál es la base de los destinos individuales, cómo algunas personas están más o menos preparadas o aspiran a ocupar este o aquel lugar en la sociedad. Sin duda alguna, la movilidad social ha evolucionado… aunque no importa cómo. Antaño, existía la creencia que se necesitaban varias generaciones de politécnicos para obtener uno bueno. Evidentemente, algunos pueden quemar las etapas. Sin embargo, se ha constatado que algunas trayectorias profesionales están determinadas. Fijémonos, por ejemplo, en las grandes escuelas. Generalmente, se preparan niños de las familias llamadas acomodadas, gracias a lo que Bourdieu denomina su capital cultural. En realidad, incorporan maneras de ser que los preparan para ocupar este o aquel lugar y a casarse con esta o aquella persona. Lo más interesante es observar el comportamiento de una persona frente a sus determinaciones sociales. Pero cuidado, aunque esas determinaciones existan, no se aplican de manera mecánica. Y la prueba está en que, entre varios hermanos, sean del origen social que sean, todos tienen un destino diferente y ocupan un lugar distinto en la sociedad. Pero, ¿de dónde viene esta diferencia? ¿Cómo se construye una personalidad entre lo que viene de la sociedad, lo que viene de la familia y lo que viene del propio individuo? Para mí, aparte del determinismo social, existe otro elemento: la novela familiar, cuya importancia no es recomendable despreciar.

¿Qué relación hay entre la novela familiar y lo usted denomina neurosis de clase?

V.d.G.: La neurosis de clase es una noción que puede parecer ambigua. No se trata de pensar que cada clase social provoca un tipo de neurosis particular, no. Pero me he dado cuenta de que determinados pacientes tenían la sensación de que los conflictos psicológicos que sufrían estaban relacionados con su trayectoria social y, concretamente, con un cambio de clase social. Para ellos,

143

este cambio originaba una neurosis. El término neurosis se lo inventó Freud, quien insistió mucho en la etiología sexual. Según él, la explicación a los conflictos había que ir a buscarla en las primeras relaciones infantiles, entre el padre y la madre. Sin embargo, muchas personas que se habían sometido a un psicoanálisis se mostraban insatisfechas con estas explicaciones. Yo creo que puede existir una génesis social de los conflictos psíquicos. Es decir, que pueden estar relacionados con fenómenos de cambios de clase social, ya sea hacia arriba o hacia abajo. El conflicto surge cuando hay mucha diferencia entre el origen social y la realidad a la que uno llega, entre la identidad heredada y la identidad adquirida.

Imaginémonos a alguien que ha ascendido socialmente. Sus padres eran trabajadores, campesinos, conserjes, trabajadores domésticos, etc. De pequeño, el niño les idealizó, que es la base del narcisismo y lo que le dio la sensación de ser el centro del mundo. Más tarde, aprendió a comparar. Si, en los ojos de los demás, vio a sus padres humillados, si los vio dominados, esa imagen idealizada se destruye. Cuando este hombre, de mayor, se convierte en ejecutivo, experimenta una gran contradicción porque, inconscientemente, se pone en la situación del agresor de sus padres. Y esta contradicción aparece en medio del proyecto parental que, por la promoción social, quería precisamente evitarle la humillación.

De hecho, acabo de demostrarle cómo las situaciones sociales conflictivas pueden alimentar los conflictos psicológicos y cómo se construye la articulación entre las posiciones sociales y las posiciones psíquicas en el desarrollo de lo que denomino neurosis de clase.

Recuerdo el ejemplo de François. Era hijo de un trabajador. Le pedí que me explicara su vida y que hiciera un dibujo. En la parte superior izquierda de la hoja dibujó un aula escolar con una maestra diciéndole que fuera buen alumno. En la parte inferior derecha dibujó una pareja que salía de la iglesia y, debajo, escribió: «Estudiar politécnica a través del suegro». En el centro, dibujó un torso herido. Después me explicó su historia. Su padre era de clase trabajadora y le solía explicar dos cosas: una, que había una banda de econo-

144

mistas que explotaban a los trabajadores sin ningún miramiento y que eran los que gobernaban el mundo y que los burgueses eran «todos unos cabrones explotadores», y dos, que sobre todo no quería que su hijo viviera la misma vida de perro que él y que, por lo tanto, tenía que esforzarse en el colegio para llegar a codearse con esos economistas inútiles e inmorales.

Estamos ante una petición paradójica, o double bind, *como dirían Bateson y los psicólogos de Palo Alto: el niño se enfrenta a una disyuntiva donde condena ambas opciones.*

V.d.G.: Claro. Su padre le decía: «¡Los burgueses son unos cabrones!» y, al mismo tiempo: «¡Tienes que llegar a ser burgués!». ¿Cuál es el resultado? François fue buen estudiante, sobre todo en matemáticas, una asignatura que no le gustaba especialmente. Se preparó el examen politécnico pero lo suspendió porque no tenía los contactos burgueses que le habrían permitido aprobar. Entonces, hizo un doctorado en economía y se afilió al partido comunista, algo lógico en su trayectoria. Cuando lo conocí, se había casado con la hija de un politécnico y vivían en un piso de protección oficial en un barrio comunista. Sus suegros, burgueses de toda la vida aunque con una mentalidad más bien de izquierdas, tenían un piso en el barrio XVI de París y una casa en los Alpes. Y, en ese punto, estalló el conflicto. Tras la insistencia de sus suegros, acabó por mudarse de piso y se trasladó al XVI, pero allí vivía muy mal. Tenía la terrible sensación de traicionar a sus antepasados; vivió un auténtico conflicto de lealtad, dividido entre su trayectoria personal y su árbol genealógico.

La neurosis de clase, ¿afecta a todo el mundo?

V.d.G.: El hecho de fantasear con otro origen social es más habitual en unas clases que en otras. Es cierto que los privilegiados y acomodados tienen menos razones para hacerlo. Como le he dicho, la historia más repetida en la novela familiar relata la conquista de un origen familiar prestigioso. Es fácil imaginar que, entre los antepasados, se esconde alguien con un origen privilegiado o un gran noble. Desde el punto de vista psicoanalítico, se trata de una revalorización narcisista muy fácil de entender.

Aparentemente, algunos consideran lamentable su ambiente de nacimiento y la idea de que sus antepasados hubieran podido conocer una posición social más elevada les abre una expectativas que, a menudo, son liberadoras.

La neurosis de clase, ¿se repite en varias generaciones?

V.d.G.: La neurosis, en sí, no es objeto de repetición aunque, efectivamente, no se entiende si no se mira con perspectiva su historia singular en relación con la historia familiar a lo largo de varias generaciones. Una primera búsqueda genealógica de la vergüenza, enfocada hacia la trayectoria social, ofrece a los bisnietos de la neurosis de clase una llave para su historia. Es una etapa para actualizar los conflictos relacionados con los desplazamientos sociales. La sensibilidad hacia las diferencias sociales es tan latente como la sensibilidad hacia las diferencias afectivas. Y este lazo entre lo social y lo afectivo es uno de los motores del conflicto y de la neurosis. En ningún caso se trata de una repetición sencilla. Lo que se repite de generación en generación son las contradicciones no resueltas por los padres o los conflictos no resueltos. Sin embargo, no se repiten de la misma forma porque nunca se dan, exactamente, en el mismo contexto; el contexto social cambia y el trabajo del individuo en relación con su historia hace que las cosas evolucionen. Sin duda, alguien tendría que explicar por qué el padre de François puso a su hijo en una disyuntiva tan paradójica. Hay muchos hijos de trabajadores que se encontraron en este mismo doble mensaje: «Sé solidario con los trabajadores, con tu clase» y «No queremos que vivas como nosotros, trata de escapar de esta vida de trabajador». Pero, al mismo tiempo, la clase trabajadora también ha cambiado… Por eso digo que, en ningún caso, se trata de una repetición sencilla.

Un cambio de clase social, ¿genera, sistemáticamente, una neurosis? ¿Qué parte de libertad nos queda?

V.d.G.: Tenemos que abandonar la idea de una relación mecánica entre este tipo de conflicto y el hecho de desarrollar una neurosis. La noción de neurosis de clase no es sistemática. En la mayor parte de los casos, los conflictos (y todo problema de movimiento de clases los crea), si no están resueltos, son los que generan la neurosis. Para mencionar una crisis de sucesión notable, y reciente, me gustaría hablar del mayo de 68. Paradójicamente, no fue una revolución proletaria, sino una revolución de los hijos de la clase media y la burguesía que rechazaban la sociedad de consumo y no quería reproducir los esquemas de sus padres. Así pues, muchos de esos jóvenes se negaron a la filiación e intentaron encontrar los medios, no para volver a ser trabajadores o campesinos como sus antepasados más lejanos, sino para ganarse otra calidad de vida. Otros escogieron la vía artística, en un deseo de descenso en términos de posición social. En este caso, muchos jóvenes en crisis de sucesión se dedicaron a profesiones nuevas que, a priori, no los clasificaban en ninguna posición dominante. Este deseo de quemar los papeles sociales demuestra que existe una parte de libertad en el individuo que puede conseguir que llegue a ser algo más de lo que le había «tocado». Y también demuestra que los determinismos sociales no se aplican de forma mecánica.

Hablemos de los secretos de familia. En sus estudios, usted prefiere referirse a ellos como ocultaciones. ¿Por qué?

V.d.G.: El término ocultación define el proceso que aparece alrededor de un secreto que es, a la vez, individual y colectivo. Para saber cómo opera, tenemos que volver al origen del secreto. ¿Qué es, en definitiva, un secreto? En una familia sucede un acontecimiento, se ha cometido una acción y nadie quiere transmitirlo. Con el tiempo, la expresión que me parece más pertinente para hablar del secreto de familia es fallo de transmisión. Y ahí reside toda la paradoja: por un lado, no queremos transmitir una historia y, por el otro, igualmente transmitimos alguna cosa, el silencio y el deseo de ocultación que son, en cierta forma, un modo inconsciente de lealtad. Por lo tanto, la relación familiar se teje sobre el desconocimiento y el respeto inconsciente del secreto. Si a alguien se le ocurre fisgonear para saber más cosas y verbalizar lo que no debe saberse, tendrá todos los números para que lo rechacen (y caer enfermo) porque ha cuestionado un pacto familiar implícito. Casi siempre, el secreto gira alrededor de un incesto, un episodio de locura, faltas impunes, crímenes…, es decir, asuntos bastante graves.

¿Qué incidencia tiene el secreto, transmitido a su pesar, sobre la trayectoria social?

V.d.G.: Respecto a la trayectoria social, existen grandes y pequeños secretos que contribuyen a alimentar la novela familiar. Un ejemplo sería haciendo aparecer al inevitable tío de América que nos salva de nuestra mediocre condición porque, en cualquier momento, puede volver con una gran fortuna bajo el brazo. Sin mencionar el colchón de salvación inconsciente que proporciona: es miembro de mi familia y, si él ha tenido éxito, ¿qué me impide a mí tenerlo también? Asimismo, el clásico, aunque menos fascinante, secreto de familia sobre un hijo ilegítimo también puede afectar al destino de una familia. El viejo fantasma de querer aportar prestigio al apellido pretendiendo ser descendiente de algún aristócrata no es tan viejo, y el de los hijos secretos de presidentes y vedetes mucho menos. La ambivalencia que acompaña a estos secretos es grande. Detrás de eso, se esconde un auténtico resentimiento, vergüenza y deseos de venganza cuando no es odio de clase camuflado. Este fenómeno puede afectar a varias generaciones de una misma familia.

Al mismo tiempo, el hecho de reconocer esta filiación permite construirse sobre el deseo de recuperar la posición perdida.

El secreto influye, inconscientemente, en las elecciones que los individuos hacen. Dos de las aventuras de Tintín, *El secreto del unicornio* y *El tesoro de Rackham el rojo*, que explican la historia del capitán Haddock al convertirse en propietario del castillo de Moulinsart, son un claro ejemplo. Inconscientemente, el capitán se encuentra en la posición de uno de sus antepasados, el caballero François de Hadoque, un noble.

Según la naturaleza del secreto, su influencia puede incluso afectar a las elecciones amorosas. Y es por eso por lo que determinadas personas se casan con un aristócrata, o un equivalente de la época. Los amores a primera vista no suceden por casualidad. La elección se puede hacer siguiendo un deseo del orden transgeneracional. Aparentemente, se trata de una verdadera historia de amor pero, en realidad, ya hacía mucho tiempo que las respectivas familias de esas dos personas trabajaban para unirlos. Al descodificar las señales, muchos individuos podrían descubrir el secreto de sus antepasados.

Todo esto no hace más que afirmar, una vez más, el papel preeminente del inconsciente.

V.d.G.: Sí, pero no se trata del inconsciente en el sentido freudiano de la palabra. Este inconsciente familiar no es objeto de rechazos, como un impulso prohibido que uno se niega a saciar. Una vez eliminado, este condicionamiento puede ser inoperante. Y no es que la historia familiar cambie, porque no se puede cambiar el pasado, sino que se modifica la manera en que la historia influye en nosotros.

El secreto siempre acaba por manifestarse en determinados actos en las siguientes generaciones. En *Les Sources de la honte* describo un ejemplo de lo que le estoy diciendo. Una mujer afirma: «¡Prefería ser hija de nada o de nadie antes que hija de mis padres!», y empieza a desarrollar un discurso típico de una neurosis de clase: «Mis padres son incultos, pobres y no me gusta ser su hija». Sin embargo, lo es. A medida que íbamos avanzando en la terapia, apareció el secreto: estaba relacionado con las actividades criminales de su padre durante la guerra. Por lo tanto, después de haber sufrido los no-dichos y los silencios de sus padres, ella misma los ejercerá sobre sus hijos con el deseo de librarlos de la filiación con su abuelo. Pero, al hacer eso, igualmente transmite los no-dichos. El secreto siempre se perpetúa bajo varias formas, siempre provocando el desgaste de los que lo sufren. Cuando hay un fallo de transmisión, es porque aparece lo que yo denomino un impás genealógico: «No quiero ser lo que soy». Esto es el rechazo de una filiación. Los hijos de los nazis, ¡o de los judíos deportados!, a menudo se enfrentan a estos impases genealógicos. Recuerdo el caso de Rudolph, que se generó tendencias homosexuales porque no quería transmitir «esa raza», porque quería que esa raza muriera con él. Otros se suicidan, y siempre por la misma razón: para no transmitir.

Detrás del impás genealógico siempre hay una contradicción. Si sus padres le piden que garantice el relevo, sucediéndolos, por ejemplo, al frente de la granja, de la tienda, de la empresa, etc., esto puede chocar con su voluntad de existir y de crear un impás. Para satisfacer la demanda paterna, se alienará y sucumbirá al deseo del otro. Y si ha visto sufrir a sus padres por lo que eran, lógicamente usted se va a hundir en un mar de contradicciones. La situación desemboca en un auténtico impás cuando el sistema se cierra en sí mismo y adquiere la forma de disyuntiva paradójica. El psicoanalista Serge Leclaire cree que, en este caso, el suicidio es un error de objeto. Es decir que, con la voluntad de suprimir al niño que tiene dentro, que es el objeto de la proyección del deseo paterno, se mata uno mismo.

¿De qué forma se inscribe el proyecto parental en el árbol genealógico?

V.d.G.: Por regla general, el proceso para ver la luz es interesante cuando se remonta tres o cuatro generaciones hacia atrás. El proyecto parental ya está muy inscrito en el proyecto de los abuelos. ¿Qué proyecto tienen los padres para sus hijos? Casi siempre, es explícito: que sea abogado, que se encargue de la granja, que estudie una carrera, etc. Pero también hay una parte implícita que gira alrededor de las identificaciones entre padres e hijos, en el plano de los deseos inconscientes. Por ejemplo, una madre que toda la vida ha sido ama de casa puede transmitir un mensaje contradictorio. Explícitamente, le dirá a su hija que sea educada, amable, que se ocupe de sus hijos, etc. Es decir, le comunicará un modelo tradicional, a pesar de tener el deseo que haga todo lo contrario. Ahora bien, si la hija realiza ese proyecto de ama de casa, su madre inconscientemente la condenará. En realidad, hay muchas ambivalencias entre los padres y los hijos. Se suele decir que los padres sólo desean lo mejor para sus hijos pero, al mismo tiempo, asimilan muy mal que a sus retoños les vaya mejor que a ellos. Esto puede despertar en los padres viejos rencores y odios porque ellos no pudieron realizar sus propios deseos. Por lo tanto, cuando su hijo sí que lo consigue, los padres pueden sentirse enfadados y furiosos.

Pero el proyecto parental es fruto de dos padres, cada uno procedente de una línea de descendencia. ¿Es que una se impone a la otra?

V.d.G.: Cuando analizamos el proyecto parental, distinguimos muy bien el materno del paterno. Pueden ser opuestos, complementarios o contradictorios. Cuando surge un conflicto en el seno de una pareja, con disyuntivas tan graves como «De mayor, no seas como tu madre», vemos aparecer relaciones con lo que el psicoanálisis nos permite aprender sobre la complejidad de las posturas edipianas y las identificaciones conscientes e inconscientes entre padres e hijos. Lo que yo aporto en relación al psicoanálisis son las posturas sociales; es decir, estudiar o no, trabajar de esto o de aquello, casarse con alguien de determinada clase social, etc. Los hijos heredan las contradicciones no resueltas por los padres.

Para ponerle un ejemplo, he visto muchas chicas en conflicto con sus padres, a los que ellas consideraban racistas, enamorarse de hombres africanos o árabes sin saber que era, básicamente, una manera de hacer que sus padres se enfrentaran a sus contradicciones. El proyecto parental no es mecánico. Los hijos no son lo que los padres quieren que sean. En cambio, por la manera cómo un niño vive su futuro, las contradicciones que ha visto en el interior de la pareja paterna y en sus propias relaciones con ellos, le permiten entender algunas de las elecciones que hace, ya sean amorosas, profesionales, ideológicas o culturales.

¿Realmente cree que nuestras elecciones amorosas están dictadas por las leyes transgeneracionales?

V.d.G.: Nuestras elecciones amorosas son afectivas, sexuales y sociales al mismo tiempo. Si el corazón tiene razones que la razón no entiende, pocas veces ignora la razón social de aquel o aquella por quien late. Y, en ese caso, las opciones son múltiples. Las trayectorias, evidentemente, pueden ser ascendentes o descendentes. Cada uno puede hacer para el otro el papel de aspirador social, pero basta con que nuestra pareja se estanque para que le reprochemos que nos ha frenado en nuestra escalada social. Es muy interesante entender cómo las posturas afectivas están relacionadas con las sociales. Un matrimonio es horrible cuando las dos partes vienen de clases sociales distintas, pero las posibles combinaciones son infinitas. Una familia siempre son dos líneas que derivan en cuatro y, por lo tanto, no es estable. En cada generación hay algo que se reproduce, que se transforma. La familia se crea por los hijos, no por la pareja. El hijo es el punto de unión entre los padres, es el resultado de la alianza del padre y la madre, así como de sus familias. Por lo tanto, hay una postura genealógica que atraviesa la historia de la pareja y de los hijos. La herencia que todos recibimos cuando nacemos nos marcará a la hora de construirnos nuestra propia identidad e influirá en nuestro futuro social.

¿La vergüenza y el odio también pueden transmitirse por herencia?

V.d.G.: Desde luego. Si los padres interiorizaron el sentimiento de vergüenza relacionado con las humillaciones y no pudieron superarlo, esto marcará al hijo. Pero, en ningún caso, estará condenado a repetirlo o reproducirlo. Para Jean-Paul Sastre, la vergüenza nace en los ojos ajenos. Toma el ejemplo de Jean Genet que, cuando lo abandonaron, lo dieron en acogida a una familia. Le dijeron: «Serás ladrón.», y se convirtió en ladrón. Sin embargo, al mismo tiempo, hizo un trabajo fenomenal para liberarse de ese determinismo mediante la creatividad, la escritura y la poesía. Escribió para denunciar las convenciones sociales que generan vergüenza. Muchos niños construyen su destino basándose en la revancha. Hijos de padres humillados, o pobres, que deciden que a ellos no les pasará nunca. En el caso de Bernard Tapie la ambición actúa como la otra cara de la vergüenza.

¿La vergüenza se transmite como un secreto de familia?

V.d.G.: La vergüenza es indisociable del secreto de familia. Es interesante ver la relación entre la vergüenza propia relacionada con acontecimientos personales y la vergüenza familiar. A menudo, cuando hay un secreto, hay vergüenza. Es verdaderamente fascinante ver la demostración en nuestra propia historia familiar, que no conocemos y, lo más importante, que sabemos que no conocemos. Nos damos cuenta de que los descendientes intentan, por fidelidad o lealtad, mantener el secreto y, al mismo tiempo, desvelarlo para librarse de él o, mejor dicho, para liberarse de la carga afectiva que suele acompañar a la vergüenza.

Y, en consecuencia, a la culpabilidad.

V.d.G.: Efectivamente, aunque puede existir la vergüenza sin culpabilidad. Pero no funciona sobre los mismos registros psíquicos. La culpabilidad está relacionada con alguna cosa prohibida que alguien hace. La vergüenza, en cambio, está más relacionada con lo que alguien es. No se encuentra en el mismo registro del fallo, sino más bien en el del narcisismo, del yo ideal. A los psicoanalistas les cuesta entender esta dimensión de la vergüenza que nace en los ojos ajenos. En la vergüenza hay algo eminentemente social. Vemos, por ejemplo, surgir dolencias relacionadas con la pobreza y la exclusión, peticiones de consideración, respeto y dignidad que acaban desembocando en la vergüenza. Pienso en las personas que están mucho tiempo sin trabajo. Y lo más difícil de soportar no es tanto la miseria sino la vergüenza y las miradas ajenas. También pienso en las personas que piden limosna en el metro. Sabemos que dos tercios de la humanidad son más pobres que esta gente pero, en nuestra sociedad, cualquiera que se encuentre en esta situación es considerado un perdedor, alguien que ha arruinado su vida. Si nos interesamos por esta cuestión, veremos emerger la vergüenza como un fenómeno que, no hace tanto tiempo, no parecía tan importante.

Bibliografía
(Obras de los terapeutas entrevistados)

ANCELIN SCHÜTZENBERGER ANNE, *Aïe, mes aieux!*, éd. Desclée de Brouwer.

DUMAS DIDIER, *La Bible et ses fantômes et Et l'enfant créa le père*, éd. Desclée de Brouwer.

GAULEJAC VINCENT DE, *L'histoire en héritage et Les Sources de la honte*, éd. Des clée de Brouwer, et *La Névrose de classe*, éd. Hommes et Groupes.

HELLINGER BERT ET TEN HÖVEL GABRIELE, *Constellations Familiales*, éd. Souf fle d'Or.

JODOROWSKY ALEJANDRO, *La Danse de la réalité* (autobiographie), éd. Albin, *La danza de la realidad,* Ed. Siruela, Michel, et *L'Arbre du Dieu pendu* (roman), éd. Métaillé.

RIALLAND CHANTAL, *Cette famille qui vit en nous*, éd. Marabout.

TISSERON SERGE, *Secrets de famille*, mode d'emploi, ed. Marabout, et *Vos secrets de famille*, éd. Ramsay.

Notas de lectura sobre otros autores

La Psychogénéalogie – *Voyage au cœur du roman familial*, Lisa Horowitz, éd. Dervy.

La originalidad del trabajo de Lisa Horowitz, psicoterapeuta de la escuela jungiana, que ha trabajado con miles de genealogías desde hace veinte años, es que nos guía con seguridad por los bosques tupidos de ramificaciones ancestrales. Algunos árboles genealógicos colocan a los antepasados en la copa, otros los prefieren en la base. «Es más lógico colocarnos en lo alto del árbol, porque debe sostenernos», explica Élisabeth Horowitz. Sin embargo, lo más importante es inscribir en este árbol todos los grandes acontecimientos de la vida de nuestros antepasados, tales como matrimonios, nacimientos, separaciones, enfermedades graves, lugares de residencia, mudanzas, accidentes, etc. Podemos empezar este trabajo de memoria haciendo preguntas a los miembros de la familia y, después, podemos completar la información mediante los métodos de investigación más habituales en genealogía: búsquedas en los registros de los ayuntamientos, investigaciones en las regiones de origen, etc.

Comment paie-t-on les fautes de ses ancêtres, Nina Canault, éd. Desclée de Brouwer.

Como dice Anne Ancelin Schützenberger en el prólogo de esta apasionante investigación sobre los exploradores del terreno transgeneracional, «lo que no se ha podido expresar con lágrimas y con palabras, se expresa más tar-

de con penas», y esto no sólo sucede con quien experimenta la inicial imposibilidad de comunicarse sino también, y mucho más a menudo de lo que
nos imaginamos, con sus descendientes. Escritores como Isaac Bashevis
Singer o psicoanalistas como Nicolás Abraham denominan fantasmas a estos
no-dichos transgeneracionales. ¡Estos fantasmas nos pueden volver locos, o
incluso matarnos! Pero, afortunadamente, también llevamos con nosotros a
todos aquellos antepasados que sí supieron hablar. Y sus palabras pueden, según algunos autores, denominarse ángeles. Se trata de un trabajo de investigación muy minucioso y, sin embargo, fácil de leer donde destaca Françoise
Dolto, maestra en el pensamiento del psicoanalista Didier Dumas, principal
personaje y verdadero guía de este gran libro de calidad.

À la recherche de vos ancêtres, Christophe Dubourguey, éd. Flammarion.
Si desea construir su árbol genealógico desde cero, este es su libro.
Está escrito por un historiador y el contenido en psicología es nulo, aunque incluye informaciones muy útiles que describen el recorrido de aquel
que emprende el camino en busca de sus orígenes. Hay consejos generales
que sugieren, por ejemplo, determinados papeles o álbumes de fotos familiares. También incluye todo tipo de precisiones administrativas relativas,
básicamente, a la evolución de las nomenclaturas del estado civil francés,
de la iglesia y del ejército. Además, viene que con un CD para el ordena-
dor y con unos valiosos consejos sobre cómo utilizar Internet... ¡páginas
donde, a lo mejor, se esconden sus antepasados y de las que no tenía ni idea!
La redacción es amena, divertida incluso, y el autor no duda en explicar, de
vez en cuando, alguna broma sobre las amantes del rey o alguna adivinan-
za sobre el número de primos que nos separan los unos de los otros.

También destacamos
J'ai mal à mère, Michel Lemay, éd. Fleurus.
Constellations Familiales: guérir le transgénérationel, Constanze Poteshka-
Lang, éd. Souffle d'Or.
Je réinvente ma vie, Young J.E., Klosko J.S., éd. de l'Homme.
Tirer profit de son passé familial, Earnie Larsen, éd. Sciences et Culture.
Bradshaw, John. Volver a casa: recuperación y reivindicación del niño in-
terno. Madrid: Los Libros del Comienzo, 1994.
Les Racines familiares de la «mal-a-dit», Gérard Athias, éd. personnelle.
À l'aide, il y a un secret dans le placard! Claude Nachin, éd. Fleurus.
Transmissions de la vie psychique entre générations, René Kaës, Haydée
Faimberg et M. Enriquez, éd. Dunod.
Les Liens qui libèrent, Gunthard Weber, éd. Grancher.

Contactos

Para cualquier información sobre los *stages* y los seminarios de formación de **Anne Ancelin Schützenberger**, puede escribir a la siguiente dirección:
14, avenue Paul Appell, 75014 París
Tel.: 01 45 40 92 90; Fax: 01 45 40 56 71
Email: secretariataas@wanadoo.fr

ACADÉMIE HELLINGER
44b, chemin des Hauts-Graviers, 91370 Verrières-le-Buisson.
Tel./Fax : 01 60 13 37 64
www.academiehellinger.net

LE JARDIN D'IDÉES (fundado y ofrecido por Didier Dumas)
49, rue Pierre-Marcel, 94250 Gentilly
Tel./Fax: 01 47 45 51 19
Email: lejardindidees@ifrance.com

WEB DE CHANTAL RIALLAND
www.psychogenealogie.info

CYCLE ROMAN FAMILIAL ET TRAJECTOIRE SOCIALE (seminarios organizados por Vincent de Gaulejac)
Université de Paris VII, Département de formation permanente, UFR Sciences Humaines Cliniques:
13, rue de Santeuil, 75005 París

OTRA WEB INTERESANTE
www.psychogenealogia.com

ANTECESSOR (una asociación de Metz, propone un curso de análisis psico-genealógico en sesiones individuales y en grupo)
19, place de Chambre, 57000 Metz
Tel.: 03 87 36 92 89 ; Móvil : 06 07 33 69 89
Email: francoisjacquemot@compuserve.com

ASSOCIATION DE RECHERCHE SUR LES BRANCHES ET LES RACINES DE L'ÊTRE (ARBRE)
43, rue des Francs-Bourgeois, 75004 París
Tel.: 01 40 29 40 44
Email: clabedan@wanadoo.fr

Índice